소감 所感

―복음, 그 진리와의 대화―

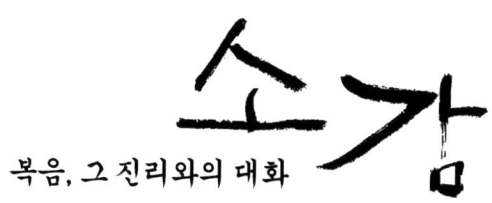

소감
복음, 그 진리와의 대화

우치무라 간조 지음 | 김유곤 옮김

크리스챤서적

머리말

소감이다. 진리의 직관이다. 천국의 별견瞥見이다. 신자의 새벽 꿈이다. 그러므로 간단하다. 수필이다. 연구 논설이 아니다. 그러나 천박하지 않다. 연구의 경로를 밝히지는 않았지만 알찬 열매임을 자부한다. 소감이라고 해서 반드시 감정의 발로만은 아니다. 진정한 소감은 하나님의 영이 사람의 영에 부딪힐 때에 생긴다. 다만 유감스러운 것은 악기가 불완전하여 하늘의 아름다운 멜로디를 고스란히 전달하지 못함이다.

1913년 1월 19일
도쿄 시외 가시와키에서
우치무라 간조

차례

머리말 · 4

하나님	7
그리스도	25
성령	48
성경	54
신앙	70
소망	96
사랑	102
죄와 사죄	118
구원	130
전도	157
사업	183
생애	197
독립	215
환난	221
하늘나라	236
은혜	244
종교	255
평화	272
자연	277

* 이 책의 성경 구절은 저자가 사역私譯한 것이다.

하나님

악마의 정반대는 하나님이다. 그분은 영원한 선이다(Eternal Goodness, 시인 피티어의 말). 그의 의식에 악은 없다. 그는 모든 면에 모든 사람을 향하여 선을 생각하며, 선을 기뻐하며, 선을 도우며, 그의 영원한 섭리 속에서 마침내 선이 악을 이기도록 역사하신다. 악마는 우리 마음에 하나님의 형벌을 생각하게 하는 데 반하여, 하나님은 우리 마음을 바로잡는 길을 생각하게 하신다.

악마는 우리를 낙담시키는 자다. 하나님은 우리에게 소망을 주시는 분이다. 악마는 우리의 계획에 대하여 "안 된다. 너는 반드시 실패하리라" 하는 데 반하여, 하나님은 "노력하라, 내가 너를 도와주마" 하고 격려하신다. 악마는 두려움을 주고 하나님은 기쁨을 주신다. 악마는 어디까지나 소극적이요, 하나님은 어디까지나 적극적이다. 하나님이 우리를 견책하실 때는 건설을 위해서 하신다. 악마는 우리를 치켜세우는 경우라도 속으로는 우리의 파멸을 부추긴다.

내 것

내게는 내 것이란 없다. 나는 하나님의 종이며 내 것은 다 하나님의 것이다. 내 집, 내 아내와 자녀, 내 사업, 내 생명, 이를 내 것이라고 말하는 것은 사람과 사회에 대하여 하는 말일 뿐 하나님과 만유에 대하여 하는 말은 아니다. 하나님께 대하여 말한다면, 나는 아무것도 없는 자다.

죄인의 하나님

하나님은 나면서부터의 의인보다 회개한 죄인을 사랑하신다. 하나님은 깨끗한 마음보다도 죄를 슬퍼하는 마음을 사랑하신다. 의인에게는 하나님을 아는 능력이 있다. 그러나 의인의 눈에 비치는 하나님은, 죄인이 느끼는 것과 같은 완전한 하나님은 아니다. 죄를 씻을 수 있는 하나님은 의를 기뻐하시는 하나님보다도 크다.

나와 하나님

내가 스스로 계획한 사업치고 하나도 성공한 것이 없다. 하지만 하나님이 내게 강요하시고, 내가 하나님의 명령이라 믿으면서 한 사업은 무엇이나 다 성공했다. 나는 이제 자진해서 나를 위해 사업을 계획하고 이에 종사함으로써 두 번 다시 실패와 치욕을 불러오지는 않겠다.

내가 스스로 찾아 얻은 친구치고 내게 끝까지 충실했던 자는 아무도 없었다. 내가 구하지 않았는데도 나를 찾아온 친구, 곧 하나님이 내게 붙여 주신 친구는 나의 영원한 친구다. 그는 내가 실패했다고 해서 나를 버리지 않았으며, 세상 사람이 모두 나를 의심할 때에 나를 믿어 주는 친구였다. 나는 이제 자진해 사회, 군중 속에서 내 친구를 찾지는 않겠다.

내가 스스로 지은 시치고 세상에 포근한 위로를 안겨준 것이 없었다. 나도 모르는 새 내 마음에 떠올라, 이야말로 하나님의 계시라고 믿고 지은 시는 능히 측은한 백성을 위로하고, 족히 가난한 자를 달래는 아름다운 글이었다. 나는 이제 후로 내 메마른 마음의 사상을 끄집어내서 글로 발표함으로써 세상 독자를 번거롭게 하진 않겠다.

나의 하나님

슬픈 때는 언제인가? 가난한 때가 아니다. 동포에게 버림받은 때가 아니다. 세상이 허전해지는 때가 아니다. 무식해서 남에게 조롱받는 때도 아니다. 슬픈 때는 언제인가? 내 마음의 눈에 하나님이 보이지 않는 때다. 내 영혼이 흠모하는 이의 얼굴이 의심의 구름으로 가려져 있을 때다. 그때야말로 내 곳간이 넘쳐도 내게 기쁨이 없다. 내 이름이 만국 백성의 기림을 받더라도 내게 만족함이 없다. 내 머리 위에 태양이 떠 있어도 나는 홀로 캄캄한 밤길을 걸어가는 심정이다. 내가 내 하나님을 잃어버린다면, 나는 죽은 자와 같다. 내가 사랑하는 이, 내가 그리며 사모하는 이, 내 생명보다도 존귀한 이는 나의 하나님이다.

소유

나의 사업이라 말하지 말자. 나의 품성이라 말하지 말자. 이것마저 다 하나님께 바치자. 내 것이라고는 하나도 갖지 말자. 그러면 하나님은 내 것이 됨으로써, 나는 하나님을 힘입어 그와 함께 만물을 갖게 된다.

위대한 일

내가 일하는 것이 아니다. 그저 시키는 대로 할 뿐이다. 나는 하나님의 종이다. 기계다. 나는 내가 하고 싶은 일을 할 수 없다. 하고 싶지 않은 일을 시키셔도 나는 한다. 하나님은 나에게 내 것 이상의 사상을 말하게 하고, 내 것 이상의 일을 하게 하신다. 하나님을 의지하는 나는 작지만 심히 큰 자다.

인내

하나님은 영원히 계시는 분이다. 그는 천지와 그 가운데 있는 만물을 지으시고, 이를 운행하여 오늘에 이르셨으나 피로와 권태를 느끼신 적이 없다. 그는 원대한 이상을 실현하는 데 빈틈이 없다. 인내는 하나님의 특성이다. 우리가 하나님을 믿을 때, 달려가도 피곤하지 않고 걸어가도 싫증을 느끼지 않는다.

하나님은 계신가

어떤 사람은 하나님이 계시다고 하고, 어떤 사람은 하나님이 계시지 않는다고 한다. 계시다는 증거도 없지만, 계시지 않는다는 증거도 없다. 나는 계시다고 믿고 행한다. 그리고 행함으로 계시다는 증거를 얻는다. 하나님의 존재를 과학적으로 말하면 그것은 하나의 가설임에 틀림없다. 그러나 가장 큰 개연성(probability)을 갖는 가설이다. 또한 가장 많은 사실을 설명하기에 충분한 가설이다.

유신론의 입증

하나님을 믿지 않는다는 사람이 있다. 나는 그 사람에게 묻고 싶다. "그러면 당신은 무엇을 믿는가? 당신은 모든 사람이 다 형제라고 말한다. 그런데 아버지가 같지 않은 사람들이 어떻게 형제가 될 수 있는가? 당신은 정의는 최후의 승리자라고 말한다. 그런데 정의는 누구의 힘으로 최후의 승리를 얻는가? 당신은 하나님을 믿지 않는다면서 하나님을 믿는 사람처럼 말하고 있다. 하나님을 믿지 않는다고 함으로써 당신은 당신 자신에게 항의하고 있는 것이 아닌가?"

하나님을 아는 길

하나님을 알고 싶거든, 새삼스레 하나님이 존재한다는 증거를 찾을 필요가 없다. 하나님을 알고 싶거든 행실을 고쳐라. 의를 위해 용감하라. 욕심을 버려라. 마음을 깨끗이 하라. 특히 자기 자신을 알고 겸손하라. 그러면 하나님은 사실로써 우리 마음에 나타나신다. 우리는 그 존재의 증명을 다시는 구하지 않고, 우리 몸으로 그를 세상에 나타낼 것이다. 하나님은 도덕적으로 발견할 수 있으나 지식으로는 찾아낼 수 없다.

의지의 작용

하나님과 더불어 생각하고, 하나님과 더불어 일하고, 하나님과 더불어 안식한다. 이것이 기독교인의 생애다. 내 의지를 하나님의 의지가 되도록 비우며, 하나님의 큰 의지가 나의 작은 의지를 대신하여 나를 활동하게 한다. 그러면 나는 내 의지의 약함을 느끼지 않는다. 왜냐하면 내 의지는 하나님의 의지가 되게 할 수 있으며, 하나님의 의지는 마음대로 나를 사용하고도 남음이 있기 때문이다.

용서하시는 하나님

나는 아직도 하나님이 어떤 분이신지 모른다. 그러나 하나님은 나의 악을 미워하기보다는 나의 선을 더 사랑하시는 분임을 안다. 내가 장차 심판의 날에 하나님 앞에 섰을 때, 나의 슬픔은 내게 악이 많은 것이 아니라 내게 선이 적은 것이리라. 나는 그때 나의 예상과는 반대로, 사랑이신 하나님이 내가 저지른 모든 악을 잊으시고, 오직 내가 행한 적은 선만을 기억하신 것을 발견하고 크게 놀라리라. "하나님의 은혜는 바다같이 넓다." 하나님의 진노에 대해서만 생각하면 안 된다. 하나님은 진노의 하나님이 아니라 은혜의 하나님이다. 용서하시는 하나님이다.

무식의 결과

사람이 무엇인지 모르기 때문에 하나님이 누구인지 모른다. 하나님이 누구인지 모르기 때문에 사람이 무엇인지 모른다. 하나님이 누구인지 모르는 자는 사람을 숭배한다. 사람이 무엇인지 모르는 자는 구원의 하나님을 찾지 않는다. 하나님으로 말미암아 그대의 눈이 열리기를 바란다. 그러면 그대는 믿어야 할 분을 믿고, 믿지 말아야 할 자를 믿지 않게 되리라.

하나님의 가르침

많이 배우려고 하지 마라. 하나님께 배우라. 그러면 하나님은 혹은 책으로, 혹은 자연으로, 혹은 영의 계시로 우리가 배워야 할 것을 우리가 배울 수 있는 만큼 가르쳐주실 것이다.

하나님과 악마

하나님은 우리를 부축하시고, 악마는 우리를 넘어지게 한다. 하나님은 선을 보는 데 예민하시고, 악마는 악을 찾는 데 재빠르다. 선을 보시고 악을 덮으려 하시는 분은 하나님이다. 악을 드러내고 선을 묵살하는 것은 악마다. 하나님 앞에 나타나면 적은 선이라도 어린 싹이 햇빛을 받은 것처럼 쑥쑥 자란다. 악마의 입김을 쏘이면 작은 악이라도 큰 악으로 바뀌어 나타난다. 하나님은 북돋우시는 분이요, 악마는 실망시키는 자다. 우리는 하나님을 사랑하며, 악마를 무서워한다.

하나님은 사랑이시다

누구나 한 번은 죽는다. 그러나 하나님은 사랑이시다. 사랑하는 우리나라도 멸망하는 날이 올지 모른다. 그러나 하나님은 사랑이시다. 하늘은 불타 무너지고, 땅과 그 가운데 있는 모든 것은 다 타버릴 것이다. 그러나 하나님은 사랑이시다. 하나님은 사랑이시므로 우리는 무엇이 닥쳐도 무섭지 않다. 우리는 안다, 모든 일은 하나님을 사랑하는 자를 위해 모두가 합력하여 유익하게 될 것임을(롬 8:28).

나를 아는 사람

나를 아는 자는 하나님과 하나님을 아는 자뿐이다. 하나님을 모르는 자는 나를 모른다. 내 부모나 형제자매나 아내나 아들이라도 그렇다. 하나님을 모르는 자는 나를 모르는 자다. 그들은 내게 대해서 남이다. 내 영혼과 아무런 관계가 없는 자다(마 12:48 이하).

원수를 사랑하는 이유

내가 하나님 안에 있고, 하나님이 내 안에 계시므로 나를 미워하는 자는 하나님을 미워하는 자다. 그러나 하나님을 미워하여 그를 원수로 삼는 자는 불쌍히 여길 자이지 미워할 자는 아니다. 우리가 우리의 원수를 사랑하는 것은 우리 안의 힘이 너무나 위대하기 때문이다(요 15:18).

하나님의 교육법

하나님은 내게 적을 보내셔서 내 몸에 위해(危害)를 가하게 하신다. 하나님은 또 내게 그리스도의 의와 사랑을 나타내셔서 이 위해를 이기는 길을 내게 가르치셨다. 내 몸에 위해가 가해지지 않았던들 나는 하나님의 사랑을 몰랐을 것이다. 적의 악의는 하나님의 호의를 초래하는 기회다. 하나님은 체험적으로 그 거룩한 뜻을 내게 전하신다. 적의 간계, 분노, 미움 등을 통하여 나는 하나님의 사랑을 맛볼 수 있다. 감사한 일이다.

하나님의 불공평

하나님은 불공평하시다. 세상의 썩을 물건, 곧 금, 은, 땅, 주택의 분배에 있어서는 심히 불공평하시다. 그러나 하나님이 인류에게 주시는 가장 좋은 선물, 곧 성령을 주시는 데는 공평하시다. 아니, 도리어 가난한 자에게 후하고, 부자에게 박한 것처럼 보인다. 우리는 결코 걱정할 것이 없다. 우리가 몸은 천하고 지위는 낮지만 전능하신 하나님의 왕자가 될 수 있다. 기뻐할 일이 아닌가?

승리의 비결

나는 힘이 없다. 그러나 전능하신 내 하나님이 나를 위해 활동하신다. 나는 지혜가 없다. 그러나 전능하신 내 하나님이 나를 위해 일하신다. 하나님이 나와 함께 계시므로 나약하고 보잘것없는 나도 능히 세상을 이기고도 남음이 있다. 나는 영원히 야웨의 거룩한 이름을 의지하리라.

하나님을 만나는 법

하나님을 만나고 싶은가? 그러면 숨은 선을 행하라. 하나님은 여인과 같다. 뭇사람의 박수갈채 속에 그 모습을 나타내시지 않는다. 우리는 은밀한 곳에서만 하나님을 만날 수 있다. 우리가 하나님을 만나고자 하면 사람이 보이지 않는 곳에서 많은 선을 행하여 그와 자주 밀회하는 기회를 만들어야 한다.

나의 신뢰

나는 나의 연약함을 탄식하지 않는다. 하나님은 그 영으로써 나를 강하게 하신다(히 11:34). 나는 나의 어리석음을 슬퍼하지 않는다. 하나님은 그 영으로써 나를 슬기롭게 하신다(약 1:5). 나는 나의 불신을 염려하지 않는다. 하나님은 그 영으로써 나의 믿음을 더해 주신다(눅 17:5).

하나님은 밖으로부터 또 안으로부터 나를 도우신다. 하나님은 그 영으로써 나를 어진 사람, 의인, 그리고 용감한 자로 만드신다.

친구로서의 하나님

하나님은 좋은 친구다. 최상의 친구다. 그에게는 기도를 들어 주시는 귀가 있다. 은혜를 베풀어 주시는 손이 있다. 그에게 사랑하는 마음이 있음은 물론이다. 그와의 대화는 가장 즐겁다. 그를 의지함이 가장 안전하다. 하나님은 명목만이 아니라 실제이다. 이치가 아니라 성격이다. 제왕이 아니라 친구다. 아브라함이 하나님의 친구라 불린 것처럼, 우리도 하나님의 친구가 되어 그의 지도와 도움을 받아야 한다.

아버지의 얼굴

선이 내게 이르는 때에, 하나님이 나를 좋게 보심을 느낀다. 악이 내게 닥칠 때에, 하나님이 나를 꾸짖으심을 깨닫는다. 나의 경우는 하나님의 뜻이 반영된 것이다. 내 아버지의 얼굴을 살피는 심정으로 나는 내 신상의 변화를 본다.

옛날의 하나님과 오늘의 하나님

옛날에는 하나님은 하나님이었다. 이제는 하나님은 사람이다. 옛날에는 하나님을 섬기려면 하나님을 섬겼다. 이제는 하나님을 섬기려면 사람을 섬긴다. 그리스도로 말미암아 하나님은 사람이 되셨다. 이제는 사람을 섬김이 하나님을 섬기는 것이다.

나의 기도

나는 하나님께 무엇을 빌까? 재물이나 권력을? 지혜나 천재를? 행복이나 안전을? 그렇잖으면 산을 옮길 만할 믿음을? 아니다. 내 영혼아, 나는 하나님께 남을 사랑하는 마음을 달라고 기도하리라. 경솔하게 노하지 않는 마음, 얻어맞고도 용서하는 마음, 가는 곳마다 온순한 향기를 뿜는 마음을 달라고 기도하리라. 이리하여 나는 안으로 충만한 자가 되어 아무것도 갖지 않은 것 같지만 만물을 소유한 자가 되리라.

그리스도의 하나님

이방인은 말했다, 하나님은 힘이라고. 그리스인은 말했다, 하나님은 지식이라고. 유대인은 말했다, 하나님은 거룩하시다고. 그런데 그리스도는 말씀하셨다, 하나님은 사랑이라고. 하나님은 과연 힘이다. 그러나 힘 이상이다. 지식이다. 그러나 지식 이상이다. 하나님은 거룩하다. 그러나 거룩하셔서 죄를 미워하실 뿐만 아니라 사랑이셔서 은혜를 베푸신다. 사랑은 하나님 자신이다. 하나님의 사랑에 접할 때 비로소 하나님이 누구신지를 안다.

살아 계신 하나님

하나님은 일하신다. 내가 깨어 있을 때나 자고 있을 때나 일하신다. 내가 일하는 때나 쉬는 때나 일하신다. 하나님은 나를 통해 일하신다. 그러나 내가 없어도 일하신다. 그는 살아 계신 분이므로 나와 상관 없이 일하신다. 땅은 해를 거듭할수록 정의를 삼켜 버리고, 시시각각으로 불의를 토해 낸다. 내게도 책임이 있다. 그러나 혁신과 진전의 주이신 하나님의 사업임을 알기 때문에 큰 위안을 느낀다. 하나님이 나를 통해 일하시지 않는다. 그가 이제까지 일하시기 때문에 나도 일한다(요 5:17).

일어나 아버지께로 가리라

내가 한 번 죄를 범하면, 나는 일어나 아버지께로 가리라. 내가 두 번 죄를 범하면, 나는 일어나 아버지께로 가리라. 내가 일곱 번 죄를 범하면, 나는 일어나 아버지께로 가리라. 내가 일곱 번을 70배 하기까지 죄를 범하면, 나는 그때도 일어나 아버지께 가리라. 내 아버지의 사랑은 무한하며, 내가 멸망하는 것을 원치 않으신다. 그는 내게 대하여 영원히 절망하지 않으신다. 그러므로 나도 또한 나 자신에 대하여 절망하지 않는다. 아버지의 무한한 사랑을 믿고 서슴지 않고 오늘 일어나 그에게로 가리라(눅 15:18).

하나님을 아는 두 길

하나님을 아는 데 두 길이 있다. 성경을 배우는 것이 그 하나요,

하나님의 뜻을 행하는 것이 둘째다. 둘 중 어느 하나만 없어도 깊게 또 완전히 하나님을 알 수 없다. 누구나 원한다고 성경학자가 될 수는 없다. 그러나 결심만 하면 누구나 용감하게 사랑을 행할 수는 있다. 그리하여 실천 방면에서 깊이 또 확실히 하나님을 알 수 있다.

하나님과 신뢰

하나님은 거룩하신 분이므로 의심을 가장 싫어하신다. 사람이 티끌만한 의심도 없이 완전히 그를 믿기를 바라신다. 만일 하나님이 더럽고 거짓된 분이라면, 사람은 그를 의심해도 좋다. 그러나 빛 속에 계시어 거룩하고 거룩하신 그는, 그저 믿고 경배할 분이다. 그를 탐구하여 그 진실을 확인하지 않고는 믿을 수 없다고 하는 것은 사람이 하나님을 대하는 도리가 아니다. 도덕군자도 오히려 신뢰를 요구한다. 하물며 하나님이랴! 하나님은 사람을 의심하시지 않기 때문에 사람도 그를 의심하지 않기를 원하신다.

삼위일체

하나님이 만물을 통치하실 때, 우리는 그를 성부라 칭한다. 그가 사람이 되어 인류 가운데 나타나셨을 때, 우리는 그를 성자라 일컫는다. 그가 직접 사람의 마음속에 계실 때, 우리는 그를 성령이라 부른다. 삼위의 하나님이 어떻게 일체가 될 수 있는가? 우리는 그 깊은 뜻을 모른다. 그러나 하나님이 세 모양으로 우리에게 나타나시는 것을 우리는 명백히 체험한다. 영광이 삼위 하나님께 있기를 빕니다. 아멘.

하나님과 선

나는 하나님을 믿고 또 선을 믿는다. 나는 하나님의 무한을 믿고 또 선의 불멸을 믿는다. 나는 선의를 갖고 행한 선은 언젠가, 어디에선가 보람이 나타날 것을 믿는다. 나는 선의 절대적인 실패를 믿지 않는다. 그러므로 선행을 기뻐하며, 또 조금이나마 선을 행할 수 있었던 것을 감사한다.

아들을 가져야 안다

아들을 가져봐야 어버이의 은혜를 안다. 그렇다, 아들을 가져봐야 안다, 하나님의 사랑을. 어버이는 아들을 구원하기 위해서는 모든 소유를 희생한다. 하나님도 또한 우리 인류를 구원하기 위해서 그 외아들까지도 우리의 죄의 대가로 세상에 주기를 아끼지 않으셨다. 어버이의 사랑의 깊이를 생각하면, 하나님의 무한한 사랑을 조금이나마 헤아릴 수 있다.

우리가 의지할 곳

우리는 하나님을 의지할 뿐 정부를 의지하지 않는다. 우리는 하나님을 의지할 뿐 교회를 의지하지 않는다. 우리는 하나님을 의지할 뿐 감독, 목사, 선교사 등 교역자를 의지하지 않는다. 우리는 하나님을 의지한다. 사람과 제도를 의지하지 않는다. 우리는 하나님을 의지한다. 그러므로 사람의 얼굴을 두려워하지 않는다. 우리는 하나님을 의지한다. 그러므로 정부는 넘어지고, 교회는 쓰러지고, 정권과 교권이 전복되더라도 우리의 마음은 흔들리지 않을 것이다.

하나님의 끝없는 사랑

나의 죄 문제가 아니다. 하나님의 은혜의 문제다. 내가 얼마나 하나님을 사랑하느냐의 문제가 아니다. 하나님이 얼마나 나를 사랑하시느냐의 문제다. 내가 먼저 스스로 회개하여 하나님과 화친해진 것이 아니다. 하나님이 죄인과 친해질 수 있는 태도를 취하심으로써 나는 그와 화친할 수 있다. "모든 것이 하나님께로부터 난다. 그가 그리스도로 말미암아 우리를 자기와 화목하게 하신다"(고후 5:18)고 하였다.

모든 것은 하나님에게서 났다. 나의 회개도 신앙도 겸손도, 그리고 그 결과로서 내게로 오는 평화도 희망도 끝날의 구원도 다 하나님에게서 났다. 이리하여 나는 더욱더 내 죄의 깊이를 알고, 이에 대한 하나님의 끝없는 사랑을 깨닫는다.

하나님을 뵙는다

하나님을 뵙는다는 것은 환상으로 그를 뵙는다는 뜻이 아니다. 또 신비적으로 그를 느낀다는 것도 아니다. 하나님을 뵙는다는 것은 예수 그리스도를 진정한 하나님으로 인정하는 일이다. 가장 불행한 사람, 죄인으로서 십자가에 달려 "엘리 엘리 라마 사박다니" 하면서 숨진 사람, 그 사람을 하나님으로 인정할 수 있어야만 인생의 모든 문제가 해결될 수 있다. 하나님을 뵙는다는 것은 진실로 하나님을 뵙는 일이다. 내 죄를 지고 나를 대신하여 굴욕의 죽음을 당하신 사람, 예수 그리스도를 하나님으로 인정하는 일이다.

신앙의 목적물

평화를 바라지 마라, 그리스도를 바라라. 일치를 바라지 마라, 그리스도를 바라라. 열심을 바라지 마라, 그리스도를 바라라. 평화도 일치도 열심도 다 그리스도 안에 있다. 그리스도는 신앙의 목적물이다. 그는 모든 선의 소유자다. 우리는 온갖 어려움을 물리치고 그리스도께 가야 한다. 그러면 그에게서 모든 좋은 것을 얻을 수 있다.

그리스도의 사랑

아무리 악인이라 하더라도 그리스도 안에서 그를 사랑하려고 하면, 사랑할 수 있다. 그의 마음에 그리스도를 나타내어 그를 그리스도에게로 끌어오기 위해서는 우리는 어떠한 욕설이라도 참을 수 있다. 우리가 그리스도를 떠나서 악인을 사랑하려 하기 때문에 우리는 사랑의 부족을 느끼고, 자기의 나약함을 책망하게 된다. 그러나 하나님은 사람들처럼 우리에게 무리한 것을 요구하시지 않는다. 하나님은 "원수를 사랑하라"고 명하시기 전에, 원수를 사랑하기에 충분한 사랑을 우리에게 주셨다.

나와 나의 구주

나는 보잘것없는 존재다. 그러나 내 안에 계신 그리스도는 만유의 왕이다. 그러므로 사람이 나를 미워할 때는 나를 미워하는 것이지, 나의 구주를 미워하는 것이 아니다. 또 나를 사랑할 때는 내 안에 계시는 나의 구주를 사랑하는 것이지, 나를 사랑하는 것이 아니다. "그는 반드시 흥하며, 나는 반드시 쇠하리라"(요 3:30). 그가 흥하고 내가 쇠할 때에 나는 조금도 미움받는 일이 없고, 크게 사랑받는 사람이 될 것이다.

세력 없는 게 다행

내게 세력 없음이 참으로 다행이다. 내게 세력이 있었다면 내 복음은 세력 없는 것이 된다. 복음의 세력은 나의 무력으로 말미앎아 나타난다. "그러므로 나는 도리어 기꺼이 나의 약함을 자랑하리라. 이는 그리스도의 능력이 내게 머물게 하기 위함이다"(고후 12:9).

나를 미워하는 사람

그리스도가 내 안에 계시고 내가 그리스도 안에 있으므로 나를 미워하는 자는 그리스도를 미워하는 자다(요 15:18). 그리고 그리스도를 미워하는 자는 이생에서나 내생에서나 결코 번영하지 못한다. 이 세상에서의 나의 짧은 생애의 체험으로 이 사실이 매우 확실한 것임을 나는 깨달았다.

즐거움의 극치

그리스도가 내 마음에 계셔서 감사가 내 생명이 될 때, 내가 할 수 없는 선이란 하나도 없다. 나는 그때에 어떠한 적의 어떠한 허물이라도 쉽게 용서할 수가 있다. 어떠한 괴로움도 견딜 수가 있다. 어떠한 희생이라도 할 수가 있다. 그때에 우리는 선의 용사이며 사랑의 부자여서, 더러운 내 몸이 어디서나 향기를 뿜는 것같이 느낀다. 만일 이것이 구원이 아니고 부활이 아니고 승천이 아니라면 우리는 구원, 부활, 승천이 무엇인지를 모른다. 그때 우리는 시인의 말을 빌려 노래한다.

"하나님이 나의 발을 암사슴 발 같게 하시며 나를 나의 높은 곳에 세우신다"(시 18:33).

초대

오라, 와서 그리스도의 종이 되라! 왜 세상 죄악을 한탄하며 죽으려 하는가? 왜 사회의 비정을 노여워하며 이를 가는가? 당신은 당신 자신에 대하여 화를 내고 있다. 당신 자신의 마음에 평화가 없기 때문에 당신은 당신의 불안을 나무와 바위와 세상을 향하여 드러내고 있다. 와서 주의 평화를 맛보라. 이것이야말로 모든 생각을 초월하는 평안이다. 이것을 당신의 마음에 받아들일 때, 나무는 당신을 향해 손을 흔들며 기뻐하고, 사람은 다 와서 당신의 뜻을 돕는 자가 되리라.

손실과 이득

내가 세상에서 얻은 손실은 크다. 나는 이를 생각하고 크게 실망한다. 그러나 나의 이득은 더욱 크다. 나는 그리스도와 천국을 발견했다. 나는 이를 생각하고 크게 감사한다. "나는 내 주 예수 그리스도를 아는 것이 가장 귀중한 일이기 때문에 그 밖의 모든 것을 해로 여겼다. 나는 그를 위하여 이미 그 모든 것을 잃었다. 모든 것을 오물같이 여겼다"(빌 3:8).

나의 휴식

나의 휴식은 예수 그리스도에게 있다. 그리스도를 떠나서는 나에게 안식이란 없다. 산의 고요함이나 바다의 잔잔함도 그리스도를 떠나서는 나에게 휴식을 주지 않는다. 죽음의 공포가 완전히 가시고, 죄의 가책이 완전히 없어지고 나서야 이 땅은 비로소 낙원으로 변한다. 그리스도와 함께 있는 것, 그것이 휴식이다. 비록 옥중에 있더라도, 비록 깊은 산속에 살더라도 그리스도와 함께 있을 때 세상은 찬미의 동산이다. 이런 기쁨을 간직한 우리야말로 참으로 행복한 자다.

그리스도의 기적적인 힘

"나는 내게 힘을 주시는 그리스도로 말미암아 모든 일을 할 수 있다"(빌 4:13). 나는 그리스도로 말미암아, 영원히 용서할 수 없다고 믿었던 나의 원수까지도 쉽게 용서할 수 있다. 나는 그리스도로 말미암아 내가 받은 모욕을 잊어버리고, 바보처럼 되어 나의 원수까지도 나의 은인처럼 사랑할 수 있다. 나는 그리스도로 말미암아 원한을 내 마음의 밑바닥에서부터 씻어 버릴 수 있다. 나는 내 마음에 이런 크나큰 기적이 일어남을 보고, 그리스도의 신성(神性)을 의심하지 않는다.

그리스도의 승리

모든 좋은 것은 주 예수 그리스도에게서 온다. 사랑과 소망과 믿음은 물론, 지식도 미술도 노동도, 노동의 결과인 깨끗한 재산도 다 주 예수 그리스도에게서 온다. 그로 말미암지 않고는 사람이나 국가가 영원히 좋게 또 강하게 될 수가 없다. "만일 너희가 믿지 않으면 결코 서지 못하리라"는 예언자의 선언은 역사상의 사실로 나타나고 있다. 세계 역사는 땅 위에서 주 예수 그리스도가 승리하신 기록이다.

나의 새 우주

그리스도는 나의 모든 것이다. 그는 내 친구요 형제다. 내 교회며 내 나라다. 그 안에 있으면 나는 부족함이 없다. 그리스도는 내 영의 우주다. 나는 그와 함께 십자가에 못박혀 세상에 대하여 죽고 그에게로 옮겨졌다. 이제 나의 생각, 나의 계획과 사업, 나의 생명은 모두가 그 안에 있다. 세상은 오늘 사라져 없어지더라도, 그가 계시기에 나는 없어지지 않는다. 내가 그 안에 있으면 영생은 내 것임을 나는 안다.

정다운 그리스도

그리스도를 도덕의 선생으로 볼 때, 기독교는 보잘것없는 것이 된다. 왜냐하면 그의 가르침은 너무나 이상적이어서 육신이 연약한 우리로서 도저히 미칠 수 없음을 깨닫기 때문이다. 그렇지만 그리스도를 죄인의 구주로 볼 때, 기독교는 지극히 정다운 것이 된다. 왜냐하면 이러한 구원은 우리가 진짜 요구하는 것이며, 이 구원을 받으면 더러워진 우리도 깨끗한 생애를 누릴 수 있으리라는 희망이 마음속에 솟구치기 때문이다. 우리는 선생으로서 예수를 우러러보는 것이 아니라 죄인의 구주로서 그에게 매달린다.

살아 계신 그리스도(I)

그리스도는 과거의 인물이 아니라 현재의 구주다. 그는 역사상의 성인이 아니라 늘 계시는 권능의 하나님이다. 나사렛 예수는 이제는 하늘에 계신 그리스도다. 그리스도로서 지금 계시지 않는다면 그는 우리의 구주가 아니다. 우리는 죽은 과거의 인물을 우리의 구주로 우러러보는 자가 아니다. 죽었다가 다시 사시고, 이제는 아버지의 오른편에 앉아 우주를 다스리시는, 살아 계신 참된 하나님을 우리는 섬긴다.

다시 사신 그리스도

"그리스도가 만일 다시 살아나지 않았다면 우리가 가르치는 것은 헛되다. 또한 너의 신앙도 헛되리라"(고전 15:14). 만일 그렇다면 우리는 죽은 그리스도를 가르치는 자가 되며, 너희는 단지 역사적 인물의 사적을 듣는 자가 되기 때문이다. 만일 그리스도가 다시 살아나지 않았다면, 기독교는 죽은 종교다. 우리의 영혼을 구원하기 위한 살아 계신 구주는 없으며 그리스도가 만일 현재 계시지 않는 자라면, 우리는 누구를 향하여 구원을 요청하겠는가? 우리는 무덤 속에 장사된 자의 역사적 감화력으로 말미암아 구원받는 것이 아니다. 우리는 현재 활동하시는 권능의 구주를 요구한다. 그리스도의 부활은 기독교의 초석이다. 부활이 있기에 기독교는 실력의 종교다. 역사적 종교가 아니라 현재적 종교다. 그리스도가 다시 살아나셨기 때문에 우리도 수로보니게의 여인과 같이, 그의 발 아래 엎드려 그의 도움을 청할 수 있다. 우리는 2천년 전의 사람을 믿고, 또 그를 현대인에게 권하는 것이 아니다.

오직 그리스도에게 들을 뿐

톨스토이 한 사람은 러시아 1억 3천만*의 국민보다 크다. 그리스도 한 사람은 세계 13억** 인류보다 크다. 미국의 루스벨트와 영국의 체임벌린은 전쟁의 유익을 역설하지만, 우리는 그들의 말

---

* 구 소비에트 연방 해체 이전 인구(1999년)는 약 3억이었다. ─ 옮긴이
** 현재(2011년 기준) 세계 인구는 약 68억이다. ─ 옮긴이

을 들을 필요가 없다. 전 세계의 신문기자는 펜을 모아 살벌을 찬미하지만, 우리는 그들을 좇을 필요가 없다. 우리는 오직 주 예수 그리스도의 말씀을 들으면 족하다. 세상이 통틀어 투쟁을 노래하는 때에 우리는 하늘에서 내려오신 하나님과 아들의 소리에 귀기울여 마음을 가라앉힐 것이다.

모든 일의 시작

모든 일은 그리스도를 안 다음이다. 정치도 사업도 문학도 철학, 아니 종교마저도 그리스도를 안 다음의 일이다. 곧 이 악한 세상을 벗어나 죽음의 두려움이 없고, 내세의 희망이 확인된 다음의 일이다. "사람이 만일 온 세계를 얻더라도 그 생명을 잃으면 무슨 유익이 있으랴? 또 사람이 무엇으로 그 생명과 바꾸랴"(막 8:36~37). 그리스도는 생명이며 진리다. 그리스도를 모르고는 이 세상의 사업은 다 무의미하다. 그리스도를 안 다음에야 우리 생애의 참뜻을 발견한다.

살아 계신 그리스도(II)

그리스도는 역사적 인물이다. 동시에 또한 현재에도 계시는 분이다. 우리가 그리스도를 대하는 것은 다른 역사적 인물을 대하는 것과는 전혀 다르다. 우리는 위인으로서 그를 사모하지 않는다.

구주로서 그를 경배한다. 그는 우리에게 "환난 중에 만날 큰 도움"(시 46:1)이시다. 그리스도를 과거의 인물로만 보면, 우리가 그에게서 받는 은혜는 지극히 적다.

기독교의 해석

그리스도 안에 있을 때, 나는 기독교를 다 알 수 있다. 그리스도를 떠나면 나는 기독교를 전혀 알 수 없다. 그리스도는 원인이며, 기독교는 그 결과다. 그리스도는 발광체이며, 기독교는 그 그림자다. 우리가 몸을 큰 빛 속에 던질 때에만 그 그림자를 모두 해석할 수 있다.

단순한 복음

그리스도의 복음은 복잡한 것이 아니다. 지극히 단순하다. 단 몇 마디로 능히 다 말할 수 있다. "하나님은 그 독생자를 주시기까지 세상 사람을 사랑하셨다"(요 3:16). "예수는 우리의 죄 때문에 죽임을 당하셨고, 또한 우리를 의롭다고 인정하기 위하여 다시 살아나셨다"(롬 4:25).

그리스도가 육신을 입고 오신 것과 부활 및 재림과 심판을 보태면 기독교의 대의(大意)를 다 말한 것이다. 우리는 많이 말할 필요가 없고, 또 반드시 성경을 다 배울 필요도 없다. 우리는 단순한 어린이의 마음으로 단순한 기독교의 복음을 받아들일 수 있다.

예수와 나

나의 휴식은 산의 고요한 곳에 있지 않다. 호수의 맑은 물가에 있지 않다. 나의 휴식은 예수 그리스도에게 있다. 그와 함께 있을 때 나는 집에 있거나 군중 속에 서거나, 사람의 생각을 초월하는 평강을 얻어 홀로 조용히 휴식할 수 있다.

나의 지식은 책에 있지 않다. 그렇다! 성경에 있지 않다. 나의 지식은 살아 계신 예수 그리스도에게 있다. 나는 그에게서 듣고 진리를 가르치며, 그에게서 배워 글을 쓴다. 그는 내게 가장 가까운 스승이다. 나는 날마다 그에게서 새로운 생명의 진리를 배운다.

나의 부요는 금이나 은에 있지 않다. 토지나 주택에 있지 않다. 나의 부요는 예수 그리스도에게 있다. 그는 매일의 양식을 내게 주신다. 그에게 무한한 보화가 있다. 그에게 매달리면 나는 전혀 가난하지 않을 수 있다.

예수는 나의 휴식이요 지식이며 보화다. 더운 여름에도, 추운 겨울에도, 단에 오를 때나 글을 쓸 때나, 나와 내가 사랑하는 자가 궁핍을 느낄 때나, 예수는 언제나 나의 확실한 구주이다.

나와 그리스도(I)

그리스도처럼 되는 것이 아니라, 그리스도가 되는 것이다. 그의 손이 되고 그의 발이 되는 것이다. 나는 이미 죽고, 그리스도를 내 안에 살게 하는 것이다. 그러므로 나는 원하지 않아도 그리스도처럼 된다. 나와 그리스도의 관계는 도덕적이 아니다. 생명적이다. 그리스도는 나의 스승이 아니다. 나의 구주이며 나의 생명이다. 또 나의 부활이다.

그리스도 안에서

나는 사람의 죄를 용서할 수 없다. 그러나 그리스도 안에 있으면 쉽게 용서할 수 있다. 일곱 번을 일흔 번 곱하는 용서는 결코 우리가 할 수 있는 일이 아니다. 하지만 나는 그리스도 안에서 이를 할 수 있다. 선을 행하기는 어렵다. 그러나 그리스도 안에서는 행하기가 쉽다. "나는 내게 힘을 주시는 그리스도 안에서 모든 일을 할 수 있다"(빌 4:13).

만세 반석

나라가 흥해도 그리스도를 믿고, 나라가 쇠해도 또한 그리스도를 믿는다. 때를 얻어도 그리스도를 믿고, 때를 얻지 못해도 또한 그리스도를 믿는다. 사업에 성공해도 그리스도를 믿고, 사업에 실패해도 또한 그리스도를 믿는다. 그리스도를 믿을 뿐, 그리스도를 믿을 뿐, 하늘이 무너지고 땅이 꺼져도 그리스도만을 믿을 뿐.

나와 그리스도(II)

내가 선을 행해서 그리스도에게 용납되는 것이 아니다. 그리스도에게 용납되었기에 내가 선을 행할 수 있다. 내가 제일 먼저 할 일은 나를 낮추어 그리스도에게 이르는 일이다. 그러면 내 영혼이 깨끗해져서 스스로 선을 행할 수 있게 된다.

나의 말에는 하나도 선한 것이 없다. 그러나 그리스도가 내 안에 계셔서 말씀하시는 것은 다 귀를 기울일 말씀들이다. 나는 나를 억눌러 아무것도 말하지 않도록 힘써야 한다. 그러면 그리스도가 내 안에 역사하셔서 내 침묵을 깨뜨리고 말씀하실 것이다. 나 자신을 생각해서나 독자를 생각해서나 전적으로 수동적인 자리에 서야 한다.

위대한 어린아이의 기도

예수님, 저는 가난하고 힘이 없기에 주님과 동포를 위해 아무것도 할 수 없습니다. 다만 당신과 함께 괴로워하려고 합니다. 그리하여 고통의 동정을 우리 동포에게 바치어, 조금이라도 그들을 도우려고 합니다. 나는 주님이 나를 도와주실 때에도 금이나 은이나 그 밖의 세상 물건으로 돕지 않고, 고통의 동정으로 도우시는 것을 보았고, 남을 돕는 가장 좋은 방법은 결코 금은을 주는 일이 아님을 알았습니다. 내게도 주님의 동정이야말로 가장 큰 위로가 되며, 가장 큰 능력이 되므로 다른 사람에게도 같을 것이라고 생각합니다. 아무쪼록 나도 주님과 같이 남을 구원하는 사람이 되도록 도와주시옵소서. 아멘.

나인가, 그리스도인가?

내가 하는 일이 아니다. 그리스도가 내 안에서 하신다. 그러므로 내 사업이 아니라 그리스도의 사업이다. 나는 죽은 자다. 그리스도가 내 안에 사시고 또 일하신다. 이것은 신앙이 아니고 또 이상도 아니다. 사실이다. 무엇보다도 확실한 사실이다. 그러기에 나는 크리스천이다. 내가 그리스도를 믿기 때문이 아니다. 나는 죽고, 그리스도가 내 안에서 사시기 때문이다. 이 사실을 의심하는 자는 크리스천이 아니다. 이것을 세상 사람이 보면 커다란 비밀이다. 그렇지만 크리스천이 보면 가장 분명한 사실이다.

그리스도의 비평

나는 그리스도에게 심판받을 자이다. 그리스도를 심판할 자가 아니다. 내가 그리스도를 심판할 때, 그는 내게서 그 모든 은혜를 걸어 가신다. 비평은 심판이다. 내가 그리스도에 대하여 비평가의 태도로 나오면 나는 그에게서 아무 좋은 것도 얻을 수 없다.

나의 교회

내게는 교회가 없다. 그러나 그리스도가 있다. 그리스도가 있으므로 내게도 교회가 있다. 그리스도는 나의 교회다. 그는 하나님의 거룩하심같이 거룩하다. 우주의 넓음같이 넓다. 내게 그리스도가 있기에 나는 완전한 교회에 속한 자다.

그리스도의 신성

그리스도는 요셉의 아들이 아니다. 또 마리아의 아들도 아니다. 하나님의 아들이며, 마리아로 말미암아 세상에 난 이다. 그는 스스로 자기의 신성(神性)을 주장하지 않았다. 그의 제자들 역시 이 일에 대하여 깊이 알지는 못했다. 그러나 우리는 2천 년간의 인류의 경험으로 능히 이 일을 안다. 곧 그는 참으로 그리스도의 영광의 빛이며, 그 본질의 참 모습이며, 세상이 있기 전부터 아버지와 영광을 함께하신 분이다.

사람인 그리스도

그리스도는 사람이다. 아니, 그리스도만이 사람이다. 그 밖의 사람은 사람이면서 사람이 아니다. 그리스도만이 능히 사람으로서의 본분을 완전히 다했다. 그리스도가 만일 사람이라면, 사람은 다 사람이 아니다. 사람이 만일 사람이라면 그리스도는 사람이 아니다. 하나님이다. 우리는 그리스도로 말미암아 사람이 되고자 한다. 왜냐하면 우리는 사람이라고는 하지만 우리의 성품에 있어, 우리의 행위에 있어, 우리의 목적과 거기에 달성하는 수단에 있어 사람이라기보다는 차라리 짐승에 가까운 자이기 때문이다.

기적을 믿는다

나는 기적을 믿는다. 그리스도의 기적을 믿는다. 보통 사람의 기적은 믿지 않는다. 하나님의 아들 그리스도의 기적을 믿는다. 그렇게 성결하고, 그렇게 의로운 그로서는 기적을 행하시는 것이 조금도 이상할 것이 없다. 행위는 성격의 표현이다. 그리스도의 성격이 있었기에 그것에 알맞은 행위가 있었다. 이것이 곧 기적이다. 나를 그리스도처럼 되게 하라. 그러면 나도 그와 같이 행할 수 있으리라.

선한 사람이 되는 길

나는 애써 선한 사람이 되고자 해도 될 수 없다. 그러나 기도로 그리스도를 내 마음에 모셔들이면 선한 사람이 될 수 있다. 선한 사람이 되는 것은 쉽고도 어렵다. 어렵고도 쉽다. 그리스도를 알면 선한 사람이 되기가 지극히 쉽다. 그를 모르면 선한 사람이 되는 것은 불가능하다.

예수 그리스도의 마음

예수의 마음은 남에게 선을 행하며, 선을 행하기 때문에 남에게 미움을 받으며, 미움 받으면서도 얼마든지 남을 용서하며, 죽음에 이르기까지 그들을 사랑하는 마음이다. 이 마음처럼 귀한 것은 세상에 없다. 이 마음 하나만 내가 소유한다면 세상에서 하나도 가진 것이 없더라도, 또 남에게 무슨 소리를 듣더라도 왕이나 귀족보다 더 큰 행복과 만족의 사람이 될 수 있다.

실패의 은총

기독교는 성공할 때 하나님의 은혜를 인정한다. 이와 반대로 그리스도의 복음은 실패할 때 하나님의 사랑을 나타낸다. 최대의 은혜는 그리스도를 아는 데 있다. 그리고 실패의 십자가를 맛보아야만 십자가의 그리스도를 가장 잘 알 수 있다.

예수처럼 한다

나의 신앙은 예수의 신앙이다. 나는 예수가 믿은 것처럼 믿는다. 하나님에 대하여, 우주에 대하여, 내세에 대하여, 나는 예수가 믿은 것처럼 믿는다. 나는 일부러 신조를 만들어 거기에 서명하고 그것을 떠받들 필요는 없다. 나는 예수의 제자이므로 그가 믿은 것처럼 믿으면 된다. 나의 규칙은 예수의 규칙이다. 나는 예수가 행한 것처럼 행하련다. 예수가 하신 일을 나도 하련다. 예수가 피하신 일을 나도 피하련다. 나는 예수가 사랑한 사람과 일을 사랑하고 그가 미워한 사람과 일을 미워한다. 일부러 규칙을 만들어 그것에 나를 얽어맬 필요는 없다. 나는 예수의 제자이므로 그와 행위, 애정을 함께하면 그것으로 족하다. 이렇게 예수의 제자가 되면 내게 교회의 필요성은 전혀 없다. 만일 그것이 있다면, 예수는 나의 교회다. 나는 그를 의지하여 살며, 또 일하며 또 존재할 뿐이다.

바라는 것

훌륭한 사람이 되고 싶지 않다. 부자가 되고 싶지 않다. 지위도 훈장도 필요 없다. 유명 인사 친구도 필요 없다. 또 선교사, 목사, 전도사의 동정도 필요 없다. 다만 그리스도를 알고 싶다. 또 다른 사람이 그리스도를 알아 주기를 바란다. 오직 그리스도만 알면 모든 선한 일은 내게로 온다. 마음의 평화가 온다. 한없는 생명이 온다. 희망과 기쁨과 만족이 온다. 나는 다른 무엇을 바라지 않는다.

오직 그리스도만을 바란다. 그가 내 마음에 와 계시기를 바란다. 그리고 그가 나의 이 간절한 소원을 채워 주심을 감사한다.

필요한 것은 오직 하나

필요한 것은 오직 하나(눅 10:42)라고 주는 말씀하셨다. 법률이 아니다. 군비가 아니다. 공업이 아니다. 상업이 아니다. 철학이 아니다. 신학이 아니다. 높은 도덕도 아니다. 그리스도다. 그리고 그리스도의 복음이다. 그리스도가 없이는 개인도 가정도 사회도 국가도 깊고 확고한 바탕 위에 설 수 없다.

기도의 목적물

내가 부르는 이는 천지만물의 창조주이신 참된 하나님이 아니다. 나의 구주이신 사람인 예수다. 나와 정을 같이하며, 나의 고통을 맛보시며 내 친구이자 또 내 주인이신 예수다. 나는 그를 부를 때 그가 내게 가까이 와 계심을 느낀다. "두세 사람이 내 이름으로 모이는 곳에는 나도 또한 그 가운데 있다"(마 18:20)고 그는 말씀하셨다. 나는 내 주님께 기도할 때 높은 하늘을 향해 부르짖지 않는다. 내 곁에 계셔서 나를 동정하시는 내 주님을 향해 이야기한다. 나는 "주여! 주여!" 하여 내 기도가 허공을 치는 것같이 하지 않고, 어떤 확실한 목적물을 향해 빌고 있음을 안다.

나를 내어맡김

예수께 나를 내어맡기면 나는 아무것도 하지 않아도 된다. 그렇다! 아무것도 할 수 없다. 나는 이미 죽은 자다. 이제는 '나'라는 것마저 내게는 없다. 그러나 이상하게도 내가 죽는 때에 나는 즉시 되살아난다. 그때 내가 아닌 사람이 내 속에 일어나 나를 살리고 나를 일하게 하신다. 그때 나의 사상은 새로워지며, 내 마음의 눈은 열리며, 내 영혼은 활기에 차서 피로했던 육체까지 부활하는 느낌이 든다.

주 예수 그리스도

활동이 아니라 주 예수 그리스도다. 숫양이 아니라 주 예수 그리스도다. 기도가 아니라 주 예수 그리스도다. 그리스도다. 그리스도다. 크리스천의 모든 것은 그리스도다. 이 사실을 모르는 자는 기독교를 모른다. 우리 크리스천에게 남모르는 평안과 만족과 기쁨이 있는 것은 주 예수 그리스도 때문이다.

죽은 자의 활동

나는 이제 죽은 자다. 그러므로 그리스도를 떠나서는 아무 일도 할 수 없는 자다. 나는 그리스도에게 죽임을 당한 것을 하나님께 감사한다. 나는 죽은 자다. 나 대신 그리스도가 내 안에서 활동하실 때에는 나는 사람이 할 수 없는 일도 할 수 있다. 그때에 나는 큰 능력의 사람이 된다. 나로 말미암아 기적이 일어난다. 그러나 물론 죽은 내가 하는 것이 아니라 내 안에 계신 산 그리스도가 하시는 것이다. 그러므로 내가 큰 일을 하려면 더욱더 나는 죽어야 한다. 그리하여 그리스도가 더더욱 효율적으로 내 안에서 일하시게 해야 한다.

예수는 하나님이다

예수는 하나님이다. 그가 기적을 행하셨기 때문이 아니다. 그가 기적적으로 태어나셨기 때문도 아니다. 그가 육체로 부활하시고 또 승천하셨기 때문도 역시 아니다. 그가 하나님처럼 권위를 가지고 가르치셨기 때문이다. 그가 하나님처럼 거룩하게 행하셨기 때문이다. 그가 하나님처럼 아름답게 죽임을 당하셨기 때문이다.

나는 예수를 사람으로 보지만 그가 단순한 사람이 아니라 하나님임을 안다. 그리고 그가 하나님임을 알 때에 그가 행하셨다는 기적이 믿기 어려운 일이 결코 아님을 안다.

예수와 함께 있으면

예수와 함께 있으면 나는 어떤 집에서라도 즐겁게 살 수 있다. 예수와 함께 있으면 나는 어떤 옷을 입더라도 떳떳이 사람 앞에

설 수 있다. 예수와 함께 있으면 나는 어떤 어려움도 능히 견딜 수 있다. 예수와 함께 있으면 극도의 역경도 축복의 천국이다. 진짜로 예수와 함께 있고 싶다. 만일 참으로 예수와 함께 있을 수만 있다면, 그것으로 인생의 모든 문제는 확 풀린다.

선인과 악인

세상에는 선인도 악인도 없다. 그리스도만이 홀로 선인이다. 그 외에는 다 악인이다. 그렇다! 사람은 그리스도의 영을 받아야만 하나님 앞에서 의인이 될 수 있다. 타고난 의인은 세상에 없다. 한 사람도 없다. 그런 의미에서 공자도 죄인이고 석가도 죄인이다. 소크라테스 역시 죄인이다. 회개할 필요가 없는 자라고는 동서고금에 예수 그리스도뿐이다. 그리스도는 죄인의 무리를 벗어나 홀로 하나님의 아들이다. 그를 의지하지 않고는 아무도 하나님의 아들이 될 수 없다(요 1:12).

예수의 영예

정부에 버림받더라도 국민에게 환영받는 것은 커다란 영예다. 정부에도 버림받고 또 국민에게도 버림받는 것은 더 커다란 영예다. 정부에도 버림받고 국민에게도 버림받고 또 교회에도 버림받는 것은 최대의 영예다. 그런데 예수는 이 최대의 영예를 얻었다.

우리도 예수와 같이 정부에도 교회에도 신자에게도 불신자에게도 버림받아 예수와 고난을 함께하며 또 영예도 함께할 것이다.

그리스도의 기적적 출생

그리스도가 동정녀 마리아에게서 났다고 하는 것은 확실히 기적이다. 그러므로 이것은 과학 또는 보통 경험으로 설명될 일이 아니다. 그러나 이것만 기적인 것은 아니다. 이것은 기독교적 신앙의 바탕을 이루는 많은 기적 중 하나에 불과하다. 부활도 기적이며 승천도 기적이다. 재림, 종말의 심판, 만물의 완성도 모두 기적이다. 기적이 없는 기독교는 기독교가 아니다. 하나님이 사람 사이에 오셨다고 한다. 신성(神性)이 인성(人性)에 들어왔다고 한다. 하늘이 땅을 구원하고, 땅을 새롭게 하기 위하여 내려왔다고 한다. 우리가 크리스마스에 즈음하여 축하해야 할 일은 이것이다. 우리는 크리스마스에 즈음하여 절대의 기적을 축하한다. 이것을 축하하면서 우리의 구원을 완성하기 위하여 장차 나타날 다른 기적을 바라며 기다린다. "지극히 높은 곳에는 하나님께 영광"이다.

지식의 영

성령! 일명 이를 지혜, 총명의 영, 재능의 영, 지식의 영(사 11:2)이라고 한다. 우리는 성령으로 말미암아 우리의 죄악을 깨닫게 되고, 마음을 정결케 하고, 구원을 완성할 뿐만 아니라 이로 말미암아 "모든 것을 알며, 하나님의 깊은 경륜까지도 안다"(고전 2:10). 그러므로 성령은 종교의 정신일 뿐 아니라 과학과 철학의 정신이기도 하다. "야웨를 경외하는 것이 지식의 근본이다"(잠 1:7). 진리의 탐구에는 모든 방면에 있어 성령의 은혜로운 도움이 필요하다.

성령의 은사

성령은 우리가 가장 간구해야 하는 것이다. 그러나 성령은 하나님의 은사이기 때문에 우리가 간구한다고 반드시 얻을 수 있는 것이 아니다. 하나님께서 그 뜻에 합당히 여기시서 이를 우리에게 풍성히 내려 주시면, 우리는 감사하며 이를 받을 것이다. 그러나 만일 하나님께서 그 뜻대로 오늘 우리에게 성령을 내리시지 않는다면, 우리는 하나님께 순종하는 자녀로서 불평하지 않고 하나님께서 성령을 우리에게 내리실 때를 차분히 기다려야 한다. 성령의 은혜가 다른 사람에게 내리고 내게는 내리지 않음을 보고 하나님을 원망하거나 자신에 대하여 실망하는 것은 아직 하나님을 믿는 비밀을 알지 못하는 사람이다. 바울이 말했다. "자기의 아들을 아낌없이 우리 모두를 위하여 내어 주신 그분이 어찌 그와 함께 만물을 우리에게 은혜로 주시지 않겠는가?"(롬 8:32) 성령의 은사도 마찬가지다.

유리한 거래

받는 데 인색하고 주는 데 관대하라. 그리고 너의 부족을 성령의 은사로 채워라. 썩을 이 세상의 물건을 가지고 썩지 않는 사람의 마음을 기쁘게 할 수 있다면, 이보다 더 유리한 거래가 어디 있겠는가? 그리스도가 말씀하신 "불의한 재물로 친구를 사귀라"는 말씀은 이 사실을 우리에게 가르치기 위함이다.

불신자만 못하다

하나님의 영을 받지 못한 기독교 신자처럼 가련한 자는 세상에 없다. 그는 세상 것을 갖지 못했다. 그리고 아직 하늘나라의 것에 접하지도 못했다. 그는 참으로 우주의 빈털터리다. 세상이 그를 업신여겨도 그는 세상을 이길 능력이 없다. 그는 깨끗해야 한다. 그러나 깨끗할 수 없다. 하늘에 오를 수 없고, 땅에 떨어질 수도 없다. 그러므로 허공에 떠서 고민한다. 그는 성령을 받아야만 한다. 그렇지 않으면 그는 불신자보다도 못하다.

성령의 바람

불어라, 성령의 바람이여! 우리의 차디찬 마음에 불어라. 우리의 영은 진토에 붙어 있다. 그러므로 우리는 이 나라, 이 백성, 이 육신, 이 뇌의 일을 생각하는 이외에 하늘의 일, 하나님의 일, 영의 일은 생각지 않게 되었다. 우리를 사람이 되게 하라. 단지 먹는 자, 일하는 자가 되게 하지 말라. 우리를 "새벽별과 함께 노래하는"(욥 38:7) 자가 되게 하라. 적을 이기지 못하더라도 기뻐하며, 땅을 얻지 못하더라도 축하하며, 영에 새로운 능력을 더 받아 가난도 죽음도 두려워하지 않는 자가 되게 하라. 뜨거운 애국심은 우리를 세상 사람이 되게 하였다. 우리는 이제 세상 이상으로 날아오를 필요가 있다. 성령의 바람만이 능히 우리를 세상 이상으로 들어 올릴 수가 있다. 불어라, 성령의 바람이여! 우리의 차디찬 마음에 불어라.

나의 유일한 무기

"만군의 야웨께서 말씀하신다. 권력에 의하지 않으며 능력에 의하지 않으며, 오직 나의 영으로라야 된다"(슥 4:6). 정권에 의하지 않으며, 무력에 의하지 않으며, 오직 하나님의 영으로라야 된다. 교회에 의하지 않으며, 신학에 의하지 않으며, 오직 하나님의 성령으로라야 된다. 나의 무기는 오직 이것뿐이다. 나는 성령으로 나를 이기고, 세상을 이기고, 마침내 죽음을 이기려 한다.

뜻을 새롭게

환경의 개선이 아니라 뜻을 새롭게 함이다. 전자는 사람도 능히 할 수 있다. 후자는 하나님만이 하실 수 있다. "주 야웨께서 말씀하신다. 내가 새 마음과 새 영혼을 주리라"(겔 18:31). 나는 내 마음이 새로 지어지기를 바란다. 그리고 하나님은 그리스도 안에서 성령으로 이 기적을 내 속에 행하신다.

천재와 성령

기독교인은 이른바 천재로서 일하지 않는다. 그는 성령의 계시로 일한다. 성령이 무엇인지 모르는 세상 사람들은 성령의 활동을 일컬을 다른 말이 없기 때문에 하는 수 없이 이를 천재라 한다. 그러나 성령의 인도를 받은 우리는 천재와 성령을 잘 구분할 수 있다. 천재는 땅의 빛이다. 성령은 하늘의 빛이다. 천재는 내 안에 있다. 성령은 위에서 온다. 천재는 구하지 않는데 내 속에서 솟아나온다. 성령은 기도와 금식으로 매달리지 않으면 받을 수 없다. 천재는 때로는 조잡하고 난폭하고 불결하다. 성령은 늘 완전하며, 늘 방정하며, 늘 성결하다. 천재는 흔히 분노의 소리다. 성령은 사랑의 표현이다. 천재와 성령은 전혀 별개의 것이다.

성령을 소멸하지 말라

"성령을 소멸하지 말라"(살전 5:19). 성령은 나 혼자만 즐기라고 우리에게 주신 것이 아니다. 성령은 그 능력으로 하나님의 사업을 이루려고 우리에게 부어 주셨다. 성령에 따라 움직이지 않는 자는 성령을 소멸하는 자다. 하나님의 선물을 거절하는 자다. 성령이 마침내 내게서 떠나 버리고, 나는 다시 그 은사를 받을 수 없을까 두렵다.

크리스천은 어떤 사람인가

크리스천은 사상의 사람이 아니다. 그렇다고 실천의 사람도 아니다. 크리스천은 성령의 사람이다. 성령으로 말미암아 하나님의 지혜와 권능을 받은 사람이다. 시인, 철학자와 같이 사상가가 아니다. 그렇다고 상인, 사업가와 같이 실행에만 힘쓰는 사람도 아니다. 성령으로 말미암아 하나님의 깊은 것을 탐구하며, 성령으로 말미암아 하나님의 권능을 받아 움직이는 사람이다. 크리스천은 하나님의 사람이다. 그리스도 안에서 자신은 죽고 하나님으로 사는 자다.

크리스천의 의지

도덕가는 의지로 고통을 물리치려 한다. 예술가는 예술로 고통을 잊으려 한다. 크리스천은 성령으로 고통을 이기려 한다. 크리스천은 도덕가가 아니다. 그는 강한 의지로 자기를 이기려 하지 않는다. 그는 미술가가 아니다. 그는 아름다운 사상과 기예로 스스로를 위로하려 하지 않는다. 그는 자기를 더 강한 이에게 맡겨버리고, 그 거룩한 영에 의하여 걷는다. "너희는 성령에 따라서 걸으라. 그러면 육의 정욕대로 행하지 않으리라"고 하였다. 크리스천의 유일한 의지는 자기 이외의 능력인 성령이다.

우리의 대변자 성경

성경을 배워라. 깊게 배워라. 넓게 배워라. 아볼로와 같이 "성경에 능하라"(행 18:24). 우리의 무기는 성경이다. 성경 없이는 우리는 "악한 자가 쏘는 모든 불화살"(엡 6:16)을 꺼 버릴 수가 없다. 누가 우리의 신앙의 이유를 묻는다면, 우리는 성경으로 대답할 뿐. 성경은 우리의 대변자다. 성경으로 우리를 대변하게 한다면, 우리는 어떠한 반박이라도 잠재울 수 있다.

나의 요구

하나님, 내게 말씀을 주소서. 사람을 살릴 말씀을 주소서. 나는 단지 종이를 채우기에 족한 말씀으로는 만족하지 않습니다. 나는 하나님의 생명의 말씀을 요구합니다. 단 한 마디라도 좋습니다. 사람의 영혼을 능히 살리는 당신의 생명의 말씀, 진리의 말씀을 내게 주소서.

성경 자체

성경 자체를 읽어라. 성경에 관하여 많이 읽지 말라. 생명은 바로 성경에 있지, 성경론에 있지 않다. 성경에 관하여 많은 의심을 품는 자는 대개 성경 자체를 적게 읽고, 성경에 관하여 듣고 또 많이 읽은 자다.

신앙의 책

내가 성경에 의지하는 이유는 그것이 철저하게 신앙의 책이기 때문이다. "우리로 하여금 세상을 이기게 하는 것은 우리의 믿음이다"(요일 5:4). 이것이 성경이 의지하여 선 모퉁이의 머릿돌이 아니라면, 성경은 내게는 그다지 필요한 책이 아니다. 그러나 믿음을 머릿돌로 하여 그 위에 소망과 사랑을 쌓아올린 책이므로 이것은 나와 같은 죄인이 의지하여 설 유일한 바위다.

세상의 도덕은 모두가 다 덕을 강요하지만 성경만은 우리에게 제일 먼저 믿음을 요구한다. 믿음! 믿음! 이것이 죄인의 우두머리를 천사가 될 수 있게 하는 기적이다.

불멸의 꽃

봄은 왔다. 꽃은 피었다. 꽃은 졌다. 일 년의 영광은 하루에 모이고, 하루의 영화는 바람에 흩어진다. 이것이 현세의 상도(常道)다. 우리는 이것을 의지하지 않는다. "풀은 마르고 그 꽃은 떨어진다. 그러나 야웨의 말씀은 변함이 없다." 꽃은 벚꽃이 아니라 성경이다. 만세 불변의 성경이다.

평화가 머무는 곳

평화는 자연에 있다. 하나님이 지은 자연에 있다. 평화는 성경에 있다. 하나님이 전한 성경에 있다. 한 송이의 매발톱꽃이 이슬에 젖어 고개를 숙였는가 하면, 한 구절의 성경 말씀이 내 마음속의 번민을 달래 준다. 성난 파도가 사면에 설레는 때에 나는 꽃밭에서 위안을 구하며, 세상이 주지 못하는 안정을 낡은 성경에서 찾는다.

성경과 그리스도

성경은 처음부터 끝까지 그리스도에 관하여 말하는 책이다. 그러나 그리스도를 알기 전에는 성경을 모른다. 그리스도는 성경의 정신이며, 성경 이상이다. 우리가 살아 계신 그리스도를 접하기 전까지는 우리에게 성경은 죽은 책이다. 우리는 성경 밖에서 살아 계신 그리스도를 만나고 그 후에 성경에서 그에 관한 충분한 증명을 구해야 한다.

먼저 성경을 배워라

먼저 성경으로 기독교가 무엇인지를 탐구하라. 그런 뒤에 그 진위를 규명하라. 그것이 무엇인지도 탐구하지 않고 그 진위를 평가함은 터무니없는 일이다. 기독교를 논하는 자는 대개 기독교에 관하여 듣거나 읽은 자이지, 성경으로 깊이 기독교를 연구한 자가 아니다. 선택은 각 사람의 자유다. 그러나 성경을 모르고 이를 논하는 것은 잘못이다. 기독교는 성경을 배우지 않고는 모른다.

성경과 살아 계신 그리스도

성경은 크다. 그러나 살아 계신 그리스도는 성경보다 더 크다. 우리가 성경을 배워 그리스도를 만나지 않으면 우리의 목적을 이루었다고 말할 수 없다. 성경은 과거에 살아 계신 그리스도의 행동 기록이다.

우리는 그의 영을 받아 새로이 성경을 써야 한다. 옛 성경을 읽고 새 성경을 쓰지 않는 자는 성경을 올바로 해석한 자가 아니다. 성경은 미완성의 책이므로 우리는 그 마지막 장을 완결지어야 한다.

그리스도와 성경(I)

그리스도 안에 있을 때, 나는 성경 전부를 알 수 있다. 그리스도를 떠날 때, 나는 성경을 전혀 알 수 없다. 성경에 의해 그리스도를 아는 것이 아니라, 그리스도로 말미암아 성경을 안다. "사람의 생각을 그 속에 있는 영이 아니고야 누가 알 수 있는가? 이와 같이 하나님의 생각을 하나님의 영 외에는 아무도 모른다"(고전 2:11). 하나님의 생각(마음)을 적은 성경은 하나님의 영으로만 알 수 있다. 우리는 성경을 읽기 전에 먼저 아바 아버지라 부르짖어 그 아들 예수 그리스도에게로 가야 한다. 그러면 성경은 '내 책'이 되어 우리는 나 자신을 아는 것처럼 분명히 알 수 있다.

그리스도와 성경(II)

그리스도가 있고 성경이 있다. 성경이 있고 그리스도가 있는 것이 아니다. 그리스도가 실재하지 않는다면, 우리가 성경을 백만 번 읽는다 하더라도 그를 현실의 인물로 만들 수는 없다. 그리스도는 상상물이 아니라 실재이다.

그리스도는 성경을 떠나서도 존재하시는 분이다. 우리는 성경을 존중하는 나머지 살아 계신 구주를 글자 속에서 찾으려고 해서는 안 된다.

성경과 과학의 조화

성경은 오늘의 과학을 반대한다. 성경은 기적의 책인데, 오늘의 과학은 기적을 부인하기 때문이다. 오늘의 과학을 그대로 신봉하는 사람은 성경을 그대로 신뢰할 수 없다. 성경에 대한 견해를 달리하든가, 아니면 과학에 대한 견해를 고치든가, 둘 중 하나를 택해야 한다. 우리는 과학이 때때로 가설을 변경함을 보고 영원불변의 성경으로 과학에 대한 견해를 정해야 한다. 우리는 성경을 과학 위에 놓고 양자를 조화시켜야 한다.

하나님의 역사

사람의 역사가 있고, 하나님의 역사가 있다. 성경은 하나님의 행동의 기록이요, 하나님의 역사다. 성경을 이해하기가 어려운 것은 사람의 역사로 이해하려 하기 때문이다. 성경을 하나님의 역사로 볼 때 그 해석은 아주 쉽다. 하나님의 역사다. 그러므로 가장 확실한 역사다. 사람의 역사는 다 오류일지라도 하나님의 역사는 모두 진실이다. 우리는 "움직일 수 없는 성경이란 바위"를 의지한다.

살아 있는 성경

성경을 연구하는 것은 좋다. 그러나 자기 자신이 하나님의 성경이 되는 것은 더욱 좋다. 성경은 과거의 하나님의 행동 기록이다. 나를 현재 하나님의 행동의 실증자가 되게 하라. 나를 성경의 생생한 주석이 되게 하라. 곧 속죄, 의롭게 됨, 구원의 목적물일 수 있어 '용서받은 죄인'의 좋은 표본이 되게 하라. 나는 성경학자로서의 야심을 버리더라도 하나님의 은혜의 그릇으로 쓰임 받아 작지만 선한 크리스천이 되고 싶다.

성경의 연구

성경 연구는 비평적 연구가 아니며 또 감각적 탐구가 아니다. 성경 연구는 성령으로 말미암아 상식으로 하는 깊고 차분한 연구다. 모든 사상에 호소하고 모든 사실에 비추어 우주와 인생을 지배하는 하나님의 뜻을 탐구하는 것이다. 성경 연구는 모든 연구 중에 가장 넓고 가장 깊다. 실재의 중심에 이르려는 일이다. 사랑으로 만유를 알려는 일이다.

복음서의 연구

마태복음은 마태복음으로 연구하라. 마가복음은 마가복음으로 연구하라. 누가복음은 누가복음으로 연구하라. 요한복음은 요한복음으로 연구하라. 구태여 네 복음서의 기사를 조화시키려고 애쓰지 마라. 각 복음서의 목적은 그리스도에 관한 역사적 사실을 전하려는 데 있지 않고 신자의 마음에 그리스도를 심으려는 데 있다. 복음서는 전도 책이지 전기가 아니다. 우리는 이 점에 유의하여 복음서를 읽어야 한다.

성경과 성령

성경 지식만으로는 구원받지 못한다. 성경 지식에 성령의 능력을 더해야 사람의 영혼은 구원받는다. 성경 그 자체는 생명력 없는 글자다. 그러나 성령은 성경을 통해서만 활동하신다. 성경을 배우는 것은 성경에 의해 구원받으려는 것이 아니라, 성령을 내게로 불러오기 위함이다. 성령이 성경 지식에 불 지르면 죽은 영혼은 되살아난다.

학식과 신앙

성경을 연구하라. 그러나 성경을 종교라고 생각하지 마라. 종교는 성경 가운데 있다. 신학을 연구하는 것도 좋다. 그러나 종교를 신학 가운데서 구하지 마라. 신학은 종교에 관하여 연구하는 학문이다. 종교는 신학 이상이다. 또 성경 이상이다. 종교는 나와 하나님의 직접적인 관계다. 이 거룩한 관계가 없으면 성경학자도 신자가 아니며, 신학자도 종교가가 아니다.

성경 읽는 법 두세 가지

"누가 너를 고소하여 네 속옷을 가지려고 하거든 겉옷까지도 주라"(마 5:40). 네게서 빼앗은 자는 빼앗기고, 빼앗긴 너는 더 좋은 속옷과 겉옷을 하나님께 받을 것이기 때문이다. 빼앗은 자는 손해를 보고, 빼앗긴 너는 이득을 얻는다.

"악으로 악을 갚지 말라"(롬 12:17). 하나님이 너를 대신해 갚아 주시기 때문이다. 그가 너를 대신해 갚으실 때는 네가 생각했던 것보다, 또 네가 할 수 있는 것보다 훨씬 준엄하고 현명하고 공정하게 갚으시기 때문이다. 너는 네 자신의 손으로 적을 처벌하려 하지만 너는 가벼운 벌을 줄 수 있을 뿐이다. 기도로써 그를 심판의 하나님께 내맡기라. 그러면 하나님은 너를 대신해 엄중히 또 공평히 그를 벌하실 것이다.

"너희를 박해하는 자를 위하여 축복하라. 저주하지 말고 축복하라"(롬 12:14). 그것은 큰 심판이 그들을 기다리고 있기 때문이다. 그들은 가엾게 여길 자이지 미워할 자가 아니다. 그들은 도살장으로 끌려가는 양과 같은 자다. 그들이 슬퍼하며 이를 갈 날이 멀지 않다. 두려운 심판의 날이 닥칠 것을 믿는 자는 자기를 박해하는 자를 축복하지 그를 저주하지는 않는다.

성경의 주인공

성경의 주인공은 아브라함, 모세, 이사야, 예레미야, 바울, 베드로 등 이른바 성경 인물이 아니다. 성경의 주인공은 하나님 자신이다. 하나님이 어떻게 활동하셨는가, 이것이 성경의 기록이다.

성경에서는 사람은 다 기계다, 종이다, 고용인이다.

> 해는 그 방에서 나오는 신랑과 같고, 그 길을 달리기 기뻐하는 용사 같아서 하늘 이 끝에서 나와서 하늘 저 끝까지 운행함이여, 그 따스함을 입지 않는 자 없도다(시 19:5-6).

땅 위에서의 하나님의 개선적(凱旋的) 진행을 적은 것, 이것이 우리가 존중하는 성경이다. 성경의 연구자는 이 사실을 잊어서는 안 된다.

성경의 해석

성경을 연구한다, 셰익스피어를 연구한다, 괴테를 연구한다, 단테를 연구한다고들 말한다. 현대인들은 생각한다, 무엇이나 연구할 수 있으리라고. 그러나 그렇지 않다. "사람의 일은 그 속에 있는 영이 아니고는 누가 알 수 있으랴. 이와 같이 하나님의 일은 하나님의 영 외에는 아는 자가 없다"(고전 2:11). 셰익스피어의 영으로만 능히 셰익스피어의 작품을 알 수 있다. 단테의 영으로만 능히 단테의 작품을 알 수 있다. 그리고 하나님의 영으로만 능히 하나님의 책인 성경을 알 수 있다. 성경의 글자를 알 수 있다 해도 성경은 알 수 없다. 성경학자의 잘못은 바로 이 명백한 사실을 모르는 데 있다.

성경과 그 밖의 책

브라우닝은 깊다. 그러나 성경은 이보다 훨씬 깊다. 단테는 크다. 그러나 성경은 이보다도 훨씬 크다. 괴테는 장하다. 그러나 성경은 이보다도 훨씬 장하다. 거기에 지식은 있으리라. 그러나 성경에는 지식의 원천이 있다. 거기에 자유는 있으리라. 그러나 성경에는 자유의 근원이 있다. 거기에 천재는 있으리라. 그러나 성경에는 하나님과 성령이 있다. 그가 가지라면 성경은 줄기다. 그가 주해라면 성경은 본문이다. 그는 사람의 책이고, 성경은 하나님의 책이다. 인류가 그들을 초월할 때는 올 것이다. 그러나 성경을 초월할 때는 영원히 오지 않을 것이다.

사람과 성경

성경은 존귀하다. 그러나 하나님의 형상대로 지어진 사람은 더욱 존귀하다. 성경은 사람을 위한 것이다. 사람이 성경을 위한 것이 아니다. 사람은 성경을 연구해야 한다. 성경으로 심판받아서는 안 된다. 사람을 구원하기 위한 성경이 사람을 묶는 밧줄이 되면 안 된다.

성경의 이해

성경은 이해하는 책이 아니다. 하나님이 이해시켜 주시는 책이다. 성경을 다른 책처럼 알려고 하면 아무리 위대한 학자라도 알 수 없다. 그러나 하나님이 이해시켜 주시면 아무리 무지한 사람이라도 능히 알 수 있다. 이것이 성경이 성경인 이유다. 성경은 지식 이상의 지식으로 읽지 않으면 도저히 이해할 수 없는 책이다.

역사와 성경

나는 사람에 대하여 이 이상 더 알려고 하지 않는다. 나는 이미 사람이 무엇인지 잘 안다. 사람은 죄인이다. 독사의 자식이다. 즐겨 악을 행하는 자다. 귀족이 그렇다. 평민이 그렇다. 백인이 그렇다. 황인이 그렇다. 의인은 없다. 한 사람도 없다.

> 그 목구멍은 열린 무덤, 그 혀는 사람을 속이며, 그 입술에는 뱀의 독이 있고, 그 입은 저주와 독설로 가득하며, 그 발은 피흘리는 일에 재빠르다(롬 3:13~15).

인간의 역사와 신문은 이 사실을 전하고도 남음이 있다. 나는 더 이상 사람에 대하여 알려고 하지 않는다. 나는 이제부터는 하나님에 대하여 알려고 한다. 그 사랑과 그 의, 그 긍휼과 그 은혜, 그 인내와 그 관용, 나는 이제부터는 이러한 사실에 대하여 알려고 한다. 나는 이제 역사를 떠나 성경에 가려 한다. 인류 죄악의 기록인 역사를 떠나 하나님의 은혜의 기록인 성경에 가려 한다.

가을과 성경

가을이 왔다. 나는 성경으로 돌아가리라. 땅의 책이 아니라 하늘의 책인 성경으로 돌아가리라. 육의 책이 아니라 영의 책인 성경으로 돌아가리라. 교회의 책이 아니라 인류의 책인 성경으로 돌아가리라. 자유의 정신으로 성경으로 돌아가리라. 학자의 태도로 성경으로 돌아가리라. 그러면 하나님과 자유와 영생에 대하여 좀 더 알게 되리라.

성경과 그리스도

성경은 도덕 교과서가 아니다. 하나님의 은혜의 복음이다. 그리스도는 도덕의 스승이 아니다. 인류의 구주다. 이 사실은 몇 번이라도 되풀이해 말할 필요가 있다. 이 사실을 모르고는 성경도 그리스도도 전혀 알 수 없기 때문이다.

택함을 받은 증거

무엇으로 알 수 있을까? 내가 참으로 하나님께 선택되었다는 사실을. 그렇다! 곧 내가 깊은 흥미를 갖고 성경을 읽을 수 있게 된 것으로 나는 참으로 하나님께 선택되었음을 안다. 기독교 문학이 아니라, 또 성경의 해석이 아니라, 성경 그것이 참으로 내 책이 되고 나서부터 나는 내 신앙의 확실함을 안다. 성경은 하나님의 책이다. 이 책에 매여 있기에 나는 진짜 하나님의 사람이 되었음을 안다. 참으로 성경의 사람이 되는 이는 복 있는 사람이다.

성경 연구의 범위

성경의 연구다. 그러므로 그리스도의 연구요 하나님의 연구다. 사람의 연구다. 우주의 연구다. 인생의 연구다. 과학의 연구다. 역사의 연구다. 시가와 미술의 연구다. 하나님과 만유에 관한 모든 연구다. 성경 연구 범위가 만일 이보다도 더 작은 것이라면 나는 오늘 당장 이를 포기하려 한다. 성경 연구는 이른바 교세 확장을 목적으로 하는 교회 행사가 아니다.

위대하다, 성경!

성경은 아무리 보아도 나 이상의 책이다. 내가 이 책을 소화하려고 부딪혀 보았으나 이를 소화할 수 없고, 도리어 이에 소화되고 만다. 나의 성경 주해란 성경에 관한 나의 주해가 아니라, 나에 관한 성경의 해석이다. 곧 나에 관한 성경의 판결이다. 내가 성경을 알려고 성경을 펴지만, 결국 성경에 흡수되고 만다. 나는 성경을 대해 앉을 때, 히말라야 산을 향해 서 있는 듯한 느낌이다. 이를 탐구할 수 없으며, 결국 성경에 압도당하고 만다. 위대하다, 성경!

성경을 가르치라

성경을 가르치라. 성경을 배우라. 성경을 가르쳐야 홀로 서는 신자를 만들 수 있다. 성경을 배워야 교회는 쓰러지더라도 홀로 서서 넘어지지 않는 굳센 신앙을 기를 수 있다. 성경은 신앙의 근본이다. 그것은 생명이다. 성경을 중심으로 하지 않는 종교 사업은 언제 무너질지 모른다. 성경과 친한 신자는 하나님을 떠나려야 떠날 수 없다. 그 뿌리를 깊이 성경 위에 세워야만 비가 오고 홍수가 나고 바람이 불어 그 집을 치더라도 그의 신앙은 넘어지지 않는다.

교회에서 신자를 붙들어 매려 해도 소용이 없다. 목사의 인격도 또한 신자의 신앙을 영원히 유지할 수 없다. 성경을 가르치라. 하나님의 말씀인 성경을 가르치라.

성경 중심

나는 기독교를 알려 하지 않는다. 성경을 알려 한다. 마태복음을 알려 한다. 누가복음을 알려 한다. 요한복음을 알려 한다. 로마서를 알려 한다. 고린도전서와 후서를 알려 한다. 갈라디아서를 알려 한다. 히브리서를 알려 한다. 요한계시록을 알려 한다. 먼저 기독교를 알고 성경을 아는 것이 아니라, 성경을 알고 나서 기독교를 아는 것이다. 나의 기독교 연구는 성경 중심이다. 시작이 성경이며, 중간이 성경이다. 그리고 마지막이 또한 성경이다. 오직 성경이다. 나는 성경 말고 딴 데서 기독교를 찾지 않는다.

유일한 책

성경의 한 책을 아는 것은 위대한 철학을 아는 것보다도 유익하다. 성경의 한 장을 아는 것은 위대한 저술을 아는 것보다도 유익하다. 성경의 한 절을 아는 것은 위대한 논문을 아는 것보다도 유익하다. 우리의 정력과 시간을 통틀어 성경 이해에 바쳐도 유익만 있을 뿐 손실은 없다. 엄청나게 많은 세상 철학과 세상 저서와 세상 이론은 오히려 티끌 속에 묻어 버린 채 거기에 한평생 눈을 돌리지 않더라도 우리의 손실은 크지 않을 것이다. 배우고 연구해야 할 책은 오직 하나님의 성경뿐이다.

성경의 열쇠

구약은 신약으로 해석하라. 신약은 로마서로 해석하라. 로마서는 3장 21절에서 31절까지로 해석하라. 하나님의 계시로 로마서 3장 21절에서 31절까지를 알아낸 사람은 성경 전체를 알 수 있는 귀한 열쇠를 하나님께 받은 사람이라고 나는 믿는다.

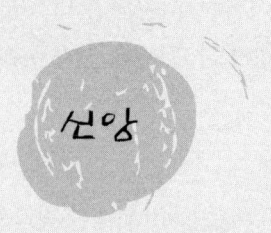

하나님을 믿는 일

하나님을 믿는 일은 글자 그대로 하나님을 믿는 일이다. 그의 존재를 믿으며, 보호와 지도를 믿는 것이 마치 우리 육신의 아버지의 그것을 믿는 것같이 믿음을 말한다. 믿는다고 입으로 말함이 아니라, 참으로 믿는 것이다. 그리고 우리 처세의 방침을 완전히 이 신앙에 따라 정하는 것을 말한다. 시인 코울리지가 당시의 종교가를 비평하여 말했다. 그들은 믿고 있다고 스스로 믿을 뿐이지 진짜 믿는 자가 아니라고. 하나님을 믿는 일, 그것은 결코 쉬운 일이 아니다.

하나님과 사람

나는 내 의식(衣食)을 위해 내 하나님을 의지하고, 내 생명을 위해 내 하나님을 의지하고, 내 사업을 위해 내 하나님을 의지한다. 나는 사람에게는 아무것도 요구하지 않지만 하나님께는 모든 것을 요구한다. 사람은 국가이건 사회이건 정부이건 교회이건, 다 내 요구를 들어 주지 않더라도 하나님만은 언제나 내 부르짖는 소리를 들으시고, 나를 항상 풍족하게 채워 주신다.

기도의 힘

세상에는 돈의 힘이 있고, 정권의 힘이 있고, 지식의 힘이 있다. 그러나 기도의 힘에는 미치지 못한다. 이는 성실의 힘으로서 산이라도 뚫고 바위라도 부수는 힘이다. 세상에 큰 사업이라고 일컫는 것은 다 기도의 힘으로 이루어진 것이다. 기도의 힘에 의하지 않고 세워진 나라는 거짓된 국가로서 영구불변의 기초 위에 세워진 것이 아니다. 기도의 힘에 의하지 않고 그려진 미술로서 하늘의 이상을 전하는 것은 없다. 기도는 정신적 생명을 얻는 유일한 비결이다. 그러므로 기도 없는 국민에게서 큰 정치, 큰 미술, 그리고 또 큰 문학, 큰 발견, 그 밖에 크다고 일컬을 만한 아무것도 나올 수가 없다.

크리스천의 용기

하나님을 의지하지 않으면 아무것도 할 수 없는 자가 크리스천이다. 하나님을 의지하면 무엇이든지 할 수 있는 자도 또한 크리스천이다. 세상에 크리스천처럼 약한 자도 없으며, 또 크리스천처럼 강한 자도 없다. 그가 세상 사람에게 나약하게 보이면서 또한 그들이 생각조차 못할 담대한 일을 감행할 수 있는 것은 그의 용기와 힘이 사람 이상의 능력자에게서 온 것이기 때문이다.

나의 기도

내게 재물을 주시지 않아도 좋습니다. 나는 명예와 지위를 구하지 않습니다. 내게 영감(inspiration)을 내리시옵소서. 내게 진리를 보는 눈을 주시옵소서. 내가 내 하나님을 우주와 만물 가운데서 찾아 현재에 살면서 장차 올 영원불멸의 영광을 느끼게 하옵소서.

필승의 확신

내가 만일 나 자신을 세상에 소개하고, 일신의 명예와 부를 거두고자 하는 자라면 나는 반드시 실패로 돌아갈 것이다. 그러나 날마다 내 육신을 십자가에 못박고, 내가 아닌 주님의 영광을 세상에 나타내려고 힘쓴다면 내 사업의 성공을 기대할 수 있다. 나를 날마다 내 욕심에서 죽게 하라. 그러면 나는 마침내 세상을 이

길 수 있고, 만군의 주 하나님과 영광을 함께 누릴 수 있으리라.

신뢰의 유익

우리가 하나님을 의지하는 동안은, 우리를 거역하는 자는 하나님을 거역하는 자다. 하나님은 그를 거역하는 자를 반드시 벌하고야 말 것이므로 우리는 가만히 그의 심판을 기다리면 된다.

우리가 하나님을 의지하는 동안은, 우리를 의지하는 자는 하나님을 의지하는 자다. 하나님은 그를 의지하는 자에게 반드시 은혜를 베풀고야 말 것이므로 우리는 우리를 신뢰하는 자를 하나님의 손에 맡기어 그의 지도를 기다리면 된다.

우리는 먼저 하나님을 의지해야 한다. 그러면 하나님은 우리를 대신하여 심판하시며, 우리를 대신하여 그의 은혜를 나눠 주실 것이다.

하나님을 믿을 뿐

어떠한 경우를 만나든 하나님을 믿을 뿐. 부하든 가난하든, 성공하든 실패하든, 덕을 세우든 죄에 빠지든, 세상의 환영을 받든 혹은 친구에게 버림을 받든, 살든 죽든, 하늘에 오르든 음부에 내려가든, 나는 하나님을 믿을 뿐. 이리하여 내게는 미래도 과거도, 슬픔도, 절망도 없다. 때는 다 현재가 되고, 일은 다 기쁨이 되고, 나의 생애는 믿음·소망·사랑의 연속이 될 것이다. 기뻐할 일이 아닌가?

무엇을 믿는가?

"모든 일을 믿으며"란 어떤 일이나 다 믿는다는 뜻이 아니다. "모든 일을 믿으며"란 모든 좋은 일을 믿는다는 뜻이다. 하늘에 사랑이신 나의 아버지가 계심을 믿는다. 나는 죄의 용서를 믿으며, 영혼의 불멸과 육체의 부활을 믿는다. 나는 또 만물의 부흥과 천국의 임재를 믿는다. 내가 믿을 수 없는 것은 악이 세상을 이긴다는 것이다. 이 세상이 전멸되고 혼돈이 우주를 뒤덮는다는 것이다. 믿음은 바라는 것이다. 선을 바라지 않는 믿음은 올바른 믿음이 아니다.

우리의 기독교

기독교를 자선사업이라고 말하는 것은 잘못이다. 기독교는 자선사업이 아니다. 기독교는 하나님의 큰 권능이다. 기독교를 노동이라고 말하는 것은 잘못이다. 기독교는 노동이 아니다. 기독교는 하나님과 그가 보내신 독생자를 믿는 일이다. 기독교를 신학이라고 말하는 것은 잘못이다. 기독교는 신학이 아니다. 기독교는 그리스도의 마음을 가지고 사람을 사랑하는 일이다. 기독교는 산 신앙이다. 곧 열매를 맺는 신앙이다. 열매 맺지 않는 신앙이 아니다. "열매를 맺어 점점 성숙해가는"(골 1:6) 신앙이다. 우리가 추구하는 기독교는 이것이다.

천재와 신앙

나는 천재가 아니다. 하나님을 믿는 자다. 나는 타고난 성품과 재능으로 일하는 자가 아니라, 날마다 신앙으로 말미암아 하나님께 받는 능력으로 모든 일을 감당하는 자다. 천재는 하나님을 떠나서도 혼자서 얼마든지 일할 수 있으리라. 그러나 신앙의 사람은 하나님을 떠나서는 아무 일도 할 수 없다. 그리스도가 말씀했다. "너희가 나를 떠나면 아무 일도 할 수 없다"(요 15:5). 내가 천재가 아닌 확증은 그리스도를 떠나서는 어떤 선한 일도 할 수 없다는 데 있다.

신앙의 이해

신앙은 자신(自信)이 아니다. 하나님을 믿는 일이다. 이른바 세상의 확신이 아니다. 하나님을 의지하는 일이다. 신앙은 의뢰하는 정신이다. 하지만 사람을 의뢰하는 것이 아니라 전능하신 아버지 하나님을 의뢰하는 정신이다. 세상을 근본적으로 개혁한 것은 이 정신이었다. 그리고 이제 다시 이를 개혁할 수 있는 것도 이 정신이다. 하나님께 매달리는 의뢰심이 있는 곳에 비로소 참된 독립과 위엄과 자존이 있다.

신앙과 실력

나의 약함을 생각하여 할 수 없다고 믿으면, 나는 할 수 없다.

하나님의 강함을 의지하여 할 수 있다고 믿으면, 나는 할 수 있다. "너희가 믿는 대로 이루어진다"(마 9:29)고 주님은 말씀하셨다. 하나님의 무한한 힘을 의지하면 우리는 우리가 믿는 대로 "모든 일을 할 수 있다"(빌 4:13).

만 가지 선의 기초

하나님을 믿지 않으면 믿음이 없다. 영생을 바라지 않으면 소망이 없다. 그리스도를 사랑하지 않으면 사랑이 없다. 동포 사이의 신용은 하나님을 믿는 믿음에서 생기며, 영생의 소망을 가져야 인생의 모든 슬픔이 씻겨나간다. 그리스도의 사랑만이 순결한 사랑이다. 이 사랑이 없을 때 부자(父子)도 진짜 부자가 아니며, 형제도 진짜 형제가 아니며, 부부도 또한 진짜 부부가 아니다.

신자와 불신자를 판별함

내게 죄가 없다고 말하는 사람은 죄인이다. "진리가 그 사람에게 없다"(요일 1:8). 내가 본다고 말하는 사람이 맹인이다. "빛이 그 사람 안에 없다"(요 9:41, 11:10). 죄 없는 사람은 죄를 인정하는 사람이다. 맹인임을 깨닫는 사람이 눈이 열린 사람이다. 우리는 이 표준을 따라 신자와 불신자를 판별할 수 있다.

절대적 순종

사람이 나를 꾸짖을 때에는, 하나님이 나를 도우신다. 사람이 내게 무리한 일을 요구할 때에는, 하나님은 이에 응하고도 오히려 남음이 있는 은혜를 내게 내리신다. 하나님이 내게 절대적 순종을 명하시는 것은 이로 말미암아 내게 권능을 나타내려 하시기 때문이다. 그러므로 나는 성경말씀 그대로를 명심하여 남이 내 오른편 뺨을 때리면 기꺼이 왼편 뺨을 돌려댈 것이며, 억지로 5리를 가자고 하면 감사하면서 10리를 가 줄 것이다(마 5:39~41).

불신자

세상에 불신자란 사람이 있다. 그는 하나님과 자기를 모르는 사람이다. 그는 하나님을 모른다. 그러므로 그에게 울분은 있으나 희망은 없다. 그는 자기 자신을 모른다. 그러므로 스스로 거만을 떨며 깨끗한 자로 자처한다. 거만을 떨면 평온할 수 없다. 오히려 남을 해침으로써 통쾌해한다. 불신자의 특징은 불평과 오만이다. 그런 사람은 사회의 어디에나 있다. 교회 안에도 넘쳐난다.

믿음의 밧줄

나는 성인도 아니고 의인도 아니다. 나는 다만 하나님의 의를 사모하는 자다. 하나님의 도움을 애원하는 자다. 내가 할 수 있는 일은 하나뿐이다. 곧 하나님의 깊은 사랑을 믿는 일이다. 이 신앙이 나를 모든 죄에서 깨끗하게 할 수 없다면 내가 깨끗하게 될 길은 전혀 없다. 신앙, 그리스도에게 나타난 하나님의 사랑을 믿는 일, 이것이 나의 모든 덕이요 나의 모든 자랑이다. 만일 이 신앙의 밧줄이 끊어진다면, 나는 깊은 구덩이에 떨어질 뿐이다.

최대의 능력

확신이라 일컫는 활동력이 아니다. 신앙이라 일컫는 일종의 의뢰심이다. 이것이 세계를 움직이는 힘이다. 먼저 나의 무능을 깨닫고, 그리고 하나님의 큰 능력을 의지한다. 이리하여 나는 죽고, 하나님이 내 안에 사심으로써 나는 진정한 용사가 된다. 나의 수양, 단련이 부족한 것이 아니다. 내 안에 아직 내가 끊어지지 않았다. 내가 죽는 일, 이것이 도덕의 절정이다. 그것도 좌선하여 자살하는 것이 아니다. 기도하여 하나님의 사랑에 죽는 것이다. 내가 아직도 약한 까닭은 내가 여전히 너무 강하기 때문이다.

신앙과 환경

나의 경우는 환경이 신앙을 만들지 않고, 신앙이 환경을 만들었다. 하나님은 모든 좋은 것을 신앙의 보상으로 내게 주셨다. "너희가 믿는 대로 너희에게 이루어지리라"(마 9:29)고 주께서 말씀하셨다. 나는 나의 신앙을 크게 함으로써 나의 환경을 개선할 수 있다.

밖을 보라

밖을 보라. 안을 들여다보지 마라. 날마다 세 번 하나님을 우러러보고 자기를 들여다보지 마라. 건강은 푸른 하늘에 있다. 맑은 공기에 있다. 한없이 넓은 하나님의 은혜에 있다. 좁은 방안은 냄새가 난다. 좁은 가슴엔 아무 선한 것이 없다. 시원한 바람으로 냄새를 몰아내게 하라. 성령으로 사욕(邪慾)을 물리치게 하라. 문을 열어 바깥 공기를 들어오게 하라. 집 안에 처박혀 쓸데없는 생각에 골몰하여 작은 군자가 되려 애쓰지 마라. 하나님의 정의를 받아들여 성스러운 우주의 사람이 되라.

때와 마음

믿음은 십자가의 그리스도를 믿는 일로서 과거에 속한다. 사랑은 오늘의 사람을 사랑하는 일로서 현재에 속한다. 그리고 소망은 천국을 바라는 일로서 미래에 속한다. 믿음·소망·사랑은 '때'에 대한 기독교 신도의 마음의 태도다. 우리는 영원히 야웨 하나님을 앙모할 것이다.

도덕과 신앙

도덕은 밖을 삼가는 데 있고, 신앙은 안을 채우는 데 있다. 내부의 결핍을 외부의 장식으로 메우는 것을 도덕이라 하고, 내부의 충실로써 외부에 빛을 내는 것을 신앙이라 한다. 도덕도 아름답긴 하다. 그러나 신앙의 광채에는 미치지 못한다. 도덕은 억압이지만 신앙은 해방이다. 도덕은 기계적이나 신앙은 생명이다. 도덕은 신앙의 흉내요, 그 일시적 대용품에 지나지 않는다.

신(信)이란 한 글자

나는 사람을 의지하지 않는다. 또 나를 의지하지도 않는다. 나는 조물주이신 야훼 하나님을 의지한다. 나는 의뢰하지 않으며, 또 독립하지 않는다. 나는 내 주 예수 그리스도를 의지하여 선다. 의뢰니 독립이니 하는 것은 이 세상의 말이다. 우리에겐 신(信)이란 한 글자가 있을 뿐, 의뢰 이상의 의뢰, 독립 이상의 독립이 이것이다.

신앙과 노동

신앙은 신앙으로써 유지할 수 없다. 신앙은 노동으로써만 능히 유지할 수 있다. 신앙은 뿌리이고 노동은 가지다. 전자는 양분을 제공하고, 후자는 이를 소화한다. 가지와 잎이 없으면 양분은 부패하여 독소를 내뿜는다. 노동이 없으면 신앙은 타락하여 의심이 싹튼다. 신앙 유지에 필요한 것은 더 많은 신앙이 아니다. 손과 뇌로써 하는 노동이다. 노동이 없으면 육체는 주리고 영혼은 죽는다. 노동은 육체 유지를 위해서만 필요한 것이 아니다.

조용한 신앙

하나님은 "평안의 하나님"(롬 15:33)이다. 그리스도는 "평안의 주"(살후 3:16)다. 복음은 "평안의 복음"(롬 10:15)이다. 그러므로 이것을 믿는 사람은 평안의 사람이 아닐 수 없다. 신앙은 큰 강물처럼 조용해야 한다. 소리를 죽여 묵묵히 하나님의 품으로 들어가는 것이어야 한다. 길거리에서 부르짖어 군중의 박수갈채를 받으며 기뻐하는 따위는 평안의 하나님을 믿는 길이 아니다. 단풍이 숲을 물들인 곳에, 또 가을 개천이 초록으로 흐르는 주변에, 우리는 조용히 참된 신앙의 부흥을 도모한다.

행위와 신앙

행위만으로는 안 된다. 신앙에 의한 행위라야 한다. 신앙만으로는 안 된다. 행위로 나타나는 신앙이라야 한다. 행위만의 행위는 행위가 아니다. 진정한 행위는 행위 더하기 신앙이다. 신앙만의 신앙은 신앙이 아니다. 진정한 신앙은 신앙 더하기 행위이다.

사람이 신앙에 의하여 구원받는다는 말은 행위의 선한 열매를 맺는 신앙에 의하여 구원받는다는 뜻이다. 사람이 행위에 의하여 구원받는다는 말은 신앙에 의한 행위에 의하여 구원받는다는 뜻이다. 행위가 없는 신앙, 이것은 종교다. 신앙이 없는 행위, 이것은 도덕이다. 그러나 기독교는 종교도 아니며 도덕도 아니다. 기독교는 사람의 온 마음과 온몸을 구원하는 하나님의 능력이다.

그리스도가 세상에 내려오신 것은 이러한 능력을 세상에 제공하기 위해서다. 먼저 자기의 몸으로 인류의 죄를 없애고 그 다음에 부활 승천하여 그 영, 곧 성령을 사람에게 부어 주는 길을 열어 놓으셨다. 그리스도의 영, 곧 성령은 사람의 영을 깨끗하게 하고 또 그 육신을 강건케 한다. 신앙을 일으키고, 또 선행을 낳게 한다. 성령을 신앙의 영으로만 알아서는 안 된다. 성령은 선행 실천의 능력이다. 성령은 선한 감정을 일으키며, 또 선한 행위를 낳는다.

우리가 구원받는다는 것은 이것이다. 영혼과 육신이 구원받는 것, 곧 우리 전체가 구원받는 것이다. 영이 깨끗함을 받고 육신은 부활된다. 안으로 하나님의 생명을 받고, 밖으로 그 영광을 드러내는 것이다.

나의 모든 것

재물을 잃어도 좋다, 원컨대 하나님의 얼굴을 못 뵙는 일이 없기를. 병으로 고생해도 좋다, 원컨대 하나님의 뜻을 의심하는 일이 없기를. 사람에게 버림받아도 좋다, 원컨대 하나님에게 버림받는 일이 없기를. 죽어도 좋다, 원컨대 하나님을 떠나는 일이 없기를. 하나님은 나의 모든 것이다. 하나님을 잃으면 나는 나의 모든 것을 잃는다. "우리에게 아버지를 보여 주옵소서. 그러면 만족하겠습니다"(요 14:8). 내 전생애의 목적은 하나님을 뵙고, 그분을 내 하나님 아버지로 삼는 데 있다.

가장 어려운 일

가장 어려운 일은 일어나 활동하는 것이 아니다. 가장 어려운 일은 조용히 주의 때와 명령을 기다리는 것이다. 1년, 3년, 10년, 혹은 20년, 우리 각자의 신앙 분량에 따라 잠잠히 주의 명령을 기다리는 일이다. 시인 밀턴이 말했다. "가만히 기다리는 자도 또한 하나님께 봉사하는 것이다." 순종하며 하나님의 명령을 기다리는 것을 하나님 아버지는 가장 기뻐하신다. 우리는 때로 큰 일을 하려 하지 말고, 하는 일 없이 편안히 지냄으로써 하나님을 기쁘게 해 드려야 한다.

신앙의 길

신앙의 길은 참으로 쉽다. 그저 맡기기만 하면 된다. 그러면 빛이 내게로 오고 능력이 나에게 임하며, 더러움이 나를 떠나고 성령이 내게 임재하신다. 신앙은 완전에 이르는 지름길이다. 지식의 좁은 길을 더듬는 것 같지 않고, 수양의 산을 오르는 것 같지 않다. 신앙은 독수리처럼 날개를 펴서 곧바로 하나님의 품에 이른다. 학문은 어둠을 비추기 위한 등불이다. 덕은 밤길을 더듬기 위한 지팡이다. 그러나 신앙은 의의 태양이다. 우리는 그 빛을 받아서 은혜의 큰길을 활보하며, 마음으로 하나님을 찬송하면서 우리의 여행을 마칠 수 있다.

신앙의 성질

신앙은 먼저 주관적이고 그 다음에 객관적이다. 먼저 객관적이고 그 다음에 주관적인 것이 아니다. 신앙은 안에서 일어난다. 밖에서 일어나지 않는다. 하나님의 영으로 말미암아 일어난다. 사람의 증명으로 말미암아 일어나지 않는다. 나는 성경이 육신의 부활을 전한다고 해서 이를 믿는 것이 아니다. 내 안에 육신을 부활시키기에 충분한 능력을 확인하기 때문에 이 사실에 관한 성경의 기사를 믿는 것이다. 주관적인 것이 신앙의 특성이다. 주관적이라고 해서 신앙을 배척하는 사람은 신앙 그 자체를 배척하는 사람이다.

겸손과 기도

때로는 나가서 밭을 갈고, 때로는 들어와서 펜을 든다. 내가 하는 일이 작기에 사람들에게 알려지지는 않는다. 그러나 내게 만일 겸손한 기도의 마음이 있다면 나는 하나님과 함께 일하고 있는 것이다. 그때 "모든 별들은 그 궤도에서 나의 원수를 치며"(삿 5:20), 산과 언덕은 소리를 질러 나의 편이 된다. 나는 홀로 하나님과 함께 있어 큰 군대를 지휘하여 세상을 이기고 있다.

신앙의 어려움

사람은 사람을 쉽게 믿는다. 물건을 믿으며 사람이 정한 제도를 믿는다. 정치가를 믿는다. 또한 종교를 믿는다. 금과 은을 믿고 동과 철을 믿는다. 정부와 교회를 믿는다. 그러나 하나님은 쉽게 믿지 않는다. 그들은 눈에 보이는 것은 쉽게 믿지만 눈에 보이지 않는 것은 쉽게 믿지 않는다. 바울이 말했다. "보이는 것은 순간적이요, 보이지 않는 것은 영원하다"(고후 4:18). 사람은 그가 신자이건 불신자이건, 어리석은 사람이건 지혜로운 사람이건, 보이는 순간적인 것은 쉽게 믿고, 보이지 않는 영원한 것은 쉽게 믿지 못한다.

신자와 불신자

불신자란 누구인가? 자기 자신을 고집하는 자다. 신자란 누구인가? 남에게 양보하는 자다. 불신자란 누구인가? 자신을 자랑하는 자다. 신자란 누구인가? 하나님을 찬미하는 자다. 자기 자신을 중심으로 하는 것, 이것이 불신이다. 자기 자신을 없다고 여기는 것, 이것이 신앙이다. 신·불신의 구별은 쉽게 알 수 있다. 구태여 신앙고백에 비추어 이를 판별할 필요가 없다. 석학에게 물어 이를 구별할 필요가 없다.

"모든 것을 믿으며"

선한 것은 다 믿는다. 하나님을 믿고 구원을 믿는다. 부활을 믿고 영생을 믿는다. 건강을 믿고 행복을 믿으며 평화를 믿는다. 땅 위에서의 하나님 나라 건설을 믿는다.

그러나 이와 반대로 악한 것은 다 믿지 않는다. 저주를 믿지 않는다. 사멸을 믿지 않는다. 영벌을 믿지 않는다. 병을 믿지 않는다. 곤궁을 믿지 않는다. 전쟁의 영속을 믿지 않는다. 이 세상의 파멸을 믿지 않는다.

하나님은 선이다. 그러므로 그를 믿을 때 선한 것은 다 믿지 않을 수 없다. 그는 사랑이다. 그러므로 그를 믿을 때 악한 것을 믿을 수는 없다. 그는 생명이다. 그러므로 그를 믿을 때 죽음과 사멸은 믿을 수 없다. 하나님을 믿고 나서 나는 극단의 낙관자가 되었다. 나는 악한 일이 나를 떠나기에 앞서, 선 이외에는 아무것도 믿지 않는 자가 되었다(고전 13:7).

나는 믿는다

나는 믿는다, 하나님은 선이라고. 나는 믿는다, 나는 내 악으로써 하나님의 선을 지울 수 없다고. 나는 믿는다, 하나님은 내가 하나님을 사랑하는 것보다도 훨씬 더 나를 사랑하심을. 나는 믿는다, 나는 살든지 죽든지 하나님의 손에서 떠날 수 없음을. 나는 믿는다, 나는 빛의 우주에 살고 있음을. 나는 진실로 믿는다, 높음이나 깊음이나 현재 일이나 장래 일이나 그 밖의 어떤 것이라도 나를 나의 주 예수 그리스도 안에 있는 하나님의 사랑에서 끊을 수 없음을(롬 8:38~39).

신앙의 비결

하나님을 믿는 데 있다. 모든 것을 하나님께 맡기는 데 있다. 나를 하나님께 맡기는 데 있다. 나는 죽고 그리스도가 대신 내 안에 살게 하는 데 있다(갈 2:20). 신앙의 비결은 이것이다. 큰 능력을 받는 것이나 성스러운 사상을 얻는 것이나 그 비결은 모두 이것이다.

신앙의 성숙

그 까닭은 잘 모른다. 다만 마음속 깊은 곳에 크나큰 평안이 깃

들어 있음을 안다. 남의 행복을 부러워하지 않으며, 과거의 불행을 슬퍼하지 않으며, 다만 오늘이 있음을 감사할 뿐이다. 앞에는 희망이 가로놓여 있고, 뒤에는 여운이 있다. 구원은 확인되어 날마다 본향이 가까워지는 느낌이다. 이를 생각하고, 저를 느낄 때 두 눈에 감격의 눈물이 고인다.

내가 택하는 길

남들은 다 복음을 믿지 않더라도 나는 홀로 이를 믿을 뿐. 신자는 다 복음을 버리더라도 나는 홀로 이를 붙잡고 있을 뿐. 믿지 않으려는 사람은 믿지 마라. 버리려는 사람은 버리라. 그러나 나는 그들을 따르지 않으리라. 나의 결심은 여호수아의 그것이다. 그는 이스라엘 백성들에게 이렇게 말했다.

> 만일 야웨를 섬기는 것이 너희에게 좋지 않다고 생각되거든……
> 너희가 섬길 자를 오늘날 택하라. 오직 나와 내 집은 야웨를 섬기리라(수 24:15).

명예의 우상이든 안일의 우상이든 교제의 우상이든, 나는 그대들의 선택에 맡기리라. 오직 나와 내 집은 예수 그리스도의 아버지인 참 하나님을 섬기리라.

믿음 · 소망 · 사랑

믿음은 속죄의 신앙이다. 소망은 부활의 희망이다. 그리고 사랑은 이 믿음, 이 소망에서 나오는 하나님과 사람에 대한 깊고 넓은 사랑이다. 이 특별한 믿음과 이 특별한 소망이 있기에 크리스천의 특별한 사랑이 있다. 우리가 믿음 · 소망 · 사랑을 부르짖는 것은 그저 막연하고 일반적인 믿음 · 소망 · 사랑이 아니다.

사람과 신앙

사람은 누구나 사람이 아니면 안 된다. 사람이기 때문에 그에게 신앙이 없으면 안 된다. 곧 겸손하여 의지하는 마음이 있어야 한다. 위인이란 유아독존의 사람이 아니다. 가장 강하게 자기의 약함을 느끼는 사람이다. 루터든 크롬웰이든 단테든 뉴턴이든 다 이런 의미의 신앙가였다. 자기의 무학(無學)을 깨닫고 죄를 탄식하는 마음이 없다면 그는 사람이면서 사람이 아니다. 위인은 누구인가? 겸손한 사람이다. 자기의 약함을 깨닫고 어린아이처럼 하나님을 의지하는 사람이다.

나 자신의 힘과 신앙의 힘

나는 의지로써 나를 이기려 하지 않는다. 신앙으로 이기려 한다. 나는 힘으로써 세상을 이기려 하지 않는다. 신앙으로 이기려 한다. 내가 생각하는 대로 되지 않고, 내가 믿는 대로 된다. 신앙은 내가 활동함이 아니라 스스로 겸손함이다. '나'란 것이 전혀 없어질 때 나는 하나님과 함께 만물의 주가 될 수 있다.

사업과 신앙

위대한 것은 사업이 아니라 신앙이다. 사업은 피곤하게 하지만 신앙은 쉬게 한다. 사업은 거만하게 하지만 신앙은 겸손케 한다. 사업은 사람이 환영한다. 신앙은 하나님이 기뻐하신다. 신앙이 없이 하나님을 기쁘게 해드릴 수는 없다. 하나님이 사람에게 내리시는 가장 큰 은사는 신앙으로 말미암아 온다. 평화와 만족과 천국과 영생은 신앙의 보상으로 받는다. 위대하다, 신앙!

찍어 버리라

네 오른눈이 너를 범죄케 하거든 빼어 버리라. 신체의 한 부분을 잃더라도 온몸이 지옥에 던져지지 않는 것이 낫다(마 5:29).
네 오른손이 너를 범죄케 하거든 찍어 버리라. 신체의 한 부분을 잃더라도 온몸이 지옥에 던져지지 않는 것이 낫다(마 5:30).

만일 너의 재산이 네가 하나님을 보는 데 방해가 되면 몽땅 버리라. 그것은 재산 전부를 잃는 것이 하나님을 떠나 온몸이 어둠으로 들어가는 것보다 낫기 때문이다.

만일 너의 사업이 네가 하나님을 가까이 하는 데 방해가 되면 포기해 버리라. 그것은 사업 없이 천국에 들어가는 것이 온몸이 지옥에 던져지는 것보다 훨씬 낫기 때문이다.

> 찍어 버리라. 그렇다! 찍어 버리라. 하나님에게로 가는 길을 막는 모든 무거운 짐과 얽매이기 쉬운 죄는 아낌없이 찍어 버리래(히 12:1~2).

최선의 것

그는 내게 재물을 주시지 않았다. 그는 내게 권력을 주시지 않았다. 그는 내게 학문과 예술을 주시지 않았다. 아름다운 풍모와 유창한 언변, 높은 도덕과 깨끗한 행위도 주시지 않았다. 그러나 그는 내게 신앙을 주셨다. 그를 의지하는 신앙을 주셨다. 신앙을 주셨으므로 그는 내게 최선의 것을 주신 것이다. 그러므로 나는 나의 가난을 비관하지 않고, 무학과 무지를 비관하지 않고, 부덕과 불결을 비관하지 않고, 신앙으로 오로지 그의 은혜를 신뢰함으로써 최종의 구원을 완성하려 한다.

그를 믿는 이유

기독교적 감동을 받아 내 몸과 사업이 이익을 보기 위해 그를 믿는 것이 아니다. 내 몸과 내게 속한 모든 것을 그에게 바치며, 그의 제자가 되고 종이 되어 일편단심 복종하는 생애를 보내기 위하여 그를 믿는다. 그리스도를 믿는 이익은 얻는 데 있는 것이 아니라 잃는 데 있다. 채우는 데 있는 것이 아니라 비우는 데 있다. 사람 위에 서는 데 있는 것이 아니라 사람 밑에 놓이는 데 있다. 그리스도를 믿는 이익은 단 하나, 그와 함께 십자가에 달리는 데 있다. 이것 이외에 이익을 바라며 그를 믿으려 하는 사람은 너무도 어리석은 자이다.

신앙의 신앙

나는 하나님을 믿고 또 신앙을 믿는다. 나는 하나님 안에서 신앙이 매우 강해짐을 믿는다. 나는 나의 신앙으로 하나님께 드리는 기도가 반드시 이루어질 것을 믿는다. 그때에 이루어지지 않은 것 같이 보이던 것은 결코 이루어지지 않는 것이 아님을 믿는다. 나는 하나님을 믿지만 표적과 이적을 보기를 기대하지 않는다. 반드시 이루어질 신앙의 기도는 즉시 기적으로 응답되기를 기대하지 않는다. 나는 하나님을 믿는다. 그의 사랑을 믿는다. 나는 사랑이신 하나님이 나의 신앙의 기도를 물리치지 않으실 것을 믿는다.

신앙의 성공

축재(蓄財)에 성공하는 사람이 있다. 학문에 성공하는 사람이 있다. 그리고 또 신앙에 성공하는 사람이 있다. 세 번째의 경우에서도, 첫 번째 또는 두 번째의 경우와 마찬가지로 모든 일이 성공을 돕는 것이다. 기쁨도 슬픔도, 이익도 손실도, 원수도 내 편도, 인생의 모든 일이 다 유익하여 그 신앙을 성숙하게 하는 것이다. 축재의 성공은 일시적인 성공이다. 학문의 성공은 일부의 성공일 뿐이다. 오직 신앙의 성공만이 영원한, 그리고 완전한 성공이다. 기도하며 구해야 할 것은 신앙의 성공이다.

반드시 응답되는 기도

나의 기도가 응답되지 않을 때, 기도 이상으로 응답된 것이다. 기도가 응답되지 않는 것이 아니다. "우리가 구하는 것 이상으로 또 생각하는 것 이상으로 더욱 넘치게"(엡 3:20) 이루어지는 것이다. 크리스천의 체험으로서 이보다도 확실한 것은 없다. 세상 사람은 뭐라고 말하든 우리는 이 사실을 굳게 믿는다.

은혜와 믿음

은혜를 받아 믿는 것이 아니다. 은혜를 받든 못 받든 믿는다. 그렇다. 믿게 된 것이 가장 큰 은혜다. 신자는 믿기를 간구할 뿐이다. 믿을 수만 있다면, 은혜받지 못해도 좋다. "그가 나를 죽이더라도 나는 그를 믿으리라"(욥 13:15).

신앙 고백

내가 의롭게 되는 것은 신앙으로 말미암는다. 깨끗하게 되는 것도, 최후로 구원받는 것도 신앙으로 말미암는다. 내가 의롭게 되고 나서 믿는 것이 아니다. 깨끗하게 되고 나서 믿는 것이 아니다. 구원받고 나서 믿는 것이 아니다. 모든 경우에 있어 신앙이 먼저고 은혜는 나중이다. 신앙으로 말미암아 의롭게 되고, 깨끗하게 되고, 구원받는다. 먼저 의인이 되고, 먼저 성자가 되고, 먼저 천국 백성이 되고 나서 믿는 것이 아니다. 하나님의 약속을 믿으며, 불의의 몸 그대로, 부정한 마음 그대로, 오직 믿음으로 말미암아 구원받는다.

선악이 다 좋다

좋은 일은 물론 좋은 일, 나쁜 일 또한 좋은 일, 하나님을 믿는 사람에게는 모든 일이 좋지 않은 것이라고는 하나도 없다. 하나님을 믿을 때 나쁜 일도 좋게 된다. 믿지 않을 때 좋은 일도 나쁘게 된다. 인생, 그것을 좋게 하는 것이나 나쁘게 하는 것이나 오직 믿느냐, 안 믿느냐로 결정된다. 우주, 인생이 선이신 하나님의 일이 아닌 것이 없다. "하나님이 그 지으신 만물을 보시니 심히 좋았다"(창 1:31)고 했다. 실패, 병, 죽음 그것도 하나님의 눈에는 다 좋은 일이다. 신앙은 자기 자신을 하나님의 입장에 세우는 것이기 때문에, 신앙의 자리에 서서 볼 때 모든 사물이 좋지 않은 것은 하나도 없다.

새해 새 소망

새해와 함께 새 소망을 얻으라. 그리고 새 소망은 기독교의 성경에서 얻으라. 이것은 뜬구름같이 막연한 소망이 아니다. 과거 2천 년 동안 인류를 위로해 온 소망이다. 낡은 성경 속에 해마다 더욱 새로운 진리가 있다. 이를 믿으면 영원히 청춘의 뜻을 품을 수 있다.

나의 새해

남들은 새 옷을 자랑하고, 나는 새 삶을 기뻐한다. 남들은 전투를 준비하고, 나는 전도를 계획한다. 남들은 암담한 저편에서 승리의 공명(功名)을 바라고, 나는 광명한 빛 가운데서 평화의 봄을 즐긴다. 나는 "우리로 하여금 우리 주 예수 그리스도로 말미암아 승리를 얻게 하시는 하나님께 감사한다"(고전 15:57).

새해의 소망

사람들은 묻는다, 새해의 소망이 무엇이냐고. 우리는 대답한다, 소망이 넘친다고.

> 비록 무화과나무가 무성치 못하며, 포도나무에 열매가 없으며, 감람나무에 소출이 없으며, 밭에 먹을 것이 없으며, 우리에 양이 없으며, 외양간에 소가 없더라도 나는 야웨를 인하여 즐거워하며, 나의 구원의 하나님을 인하여 기뻐하리라(합 3:17~18).

우리에게는 올해도 할 일이 있다. 그것은 하나님의 일이기 때문에 우리의 소망은 변하지 않는다. 우리는 영원한 봄에 하나님의 궁전을 쌓는 자다.

소망의 우주

우리는 소망의 우주 안에 산다. 왜 울며 슬퍼하며 분노를 품는가? 하나님의 뜻은 이루어지고 있다. 전 세계 사람들은 모두 기뻐하라. 실망은 다만 악인에게만 있다. 죄를 뉘우치고 하나님께 돌아오기만 하면 우리는 즉시 소망의 우주에 서게 된다. "그러므로 사람이 그리스도 안에 있으면 새로 지음받은 것이다. 낡은 것은 지나가고 다 새롭게 되었다." 우주가 나쁘기 때문이 아니다. 이를 보는 눈이 나쁘기 때문이다. 만일 너의 눈이 밝으면 전 우주도 밝다(마 6:22 참조).

소망의 생명을 받으라. 그리고 이 우주가 소망의 우주임을 깨달으라. 이미 소망의 우주 안에 살면서 이를 저주하여 분사(憤死)하지 마라.

소망의 이유

"우리는 소망 가운데 구원받았다"(롬 8:24). 곧 미래를 기약하고 구원에 초대되었다. 우리는 지금도 구원받고 있다. 날마다 구원받고 있다. 그리스도의 영은 서서히 우리의 온몸을 점령하고 있고, 우리는 마침내 완전히 그에게 정복될 것이다. 그때 우리는 그를 닮아 완전할 것이다.

우리가 아직 완전하지 못한 것은 하나님이 우리를 버리신 증거가 아니다. 우리는 자기의 허물만 돌이켜보고 실망해서는 안 된다.

가을의 느낌

겨울이 아니라 봄에 대하여 생각한다. 밤이 아니라 아침에 대하여 생각한다. 죽음이 아니라 부활에 대하여 생각한다. 우리가 경배하는 하나님은 죽은 자의 하나님이 아니다. 산 자의 하나님이다. 빛의 아들인 우리는 죽음과 어둠을 참아내지 못한다.

신앙과 소망

전능하신 하나님께 실망은 없다. 하나님을 믿는 사람에게도 실망은 있을 수 없다. 실망은 불신앙이다. 신앙은 무한한 소망을 뜻한다. 우리는 하나님을 믿기에 자기 자신에 대해서나 타인에 대해서나 영구히 실망하지 않는다.

소망과 장수

실망하지 마라. 장수하려고 하라. 이는 오래 즐기려 함이 아니다. 세상의 불행한 사람을 오래 돕기 위함이다. 인생의 가장 큰 쾌락은 자기보다 불행한 사람을 돕는 일이다. 세상에 사는 보람이 없는 생애는 없다. 자포자기는 가장 큰 죄악이다.

소망과 신앙

보이지 않는 것을 바라는 것이 소망이다. 알 수 없는 것을 믿는 것이 신앙이다. 빤히 보이는 것은 바랄 필요가 없다(롬 8:24 참조). 알 수 있는 것을 믿는 것은 지식이지 신앙이 아니다. 신앙의 존귀함은 알 수 없는 것을 믿는 데 있다. 이유 없이 믿는 것이 아니라 사랑 때문에 믿는다. 사랑이 나타내는 바는 알 수 없는데, 그것을 믿는 것을 신앙이라고 한다. 우리가 구원받은 것은 이러한 신앙으로 말미암는다. 유한한 우리가 무한한 하나님에 대하여 어린아이의 마음을 품을 때 구원받는다. 어린아이가 되어야 구원받는다.

이쪽 저쪽의 소망

소망은 무덤 저쪽에 있고, 또 이쪽에도 있다. 저쪽에는 부활, 재회, 영생의 소망이 있다. 이쪽에는 치유, 공존, 활동의 소망이 있다. 예수와 함께할 때 실망이란 있을 수 없는 것이다. 우리는 영원히 빛 속에 사는 사람들이다.

절망과 소망

절망은 소망을 낳는다. 사람들은 사람에게 절망하고 나서 하나님을 바라보게 된다. 자기 자신에게 절망하고 나서 그리스도를 바라보게 된다. 땅에 실망하고 나서 하늘을 바라보게 된다. 이 세상에 절망하고 나서 내세를 바라보게 된다. 남과 자신에게 만족하는 자는 하나님과 그리스도를 우러러보지 못한다. 땅과 이 세상에 만족하는 자는 하늘과 내세를 바라보지 못한다. 절망이여, 절망이여! 절망은 소망에 이르는 길이다. 절망하지 마라. 이 세상에 절망하고 나면 천국의 소망을 품을 것이다.

"마침내 살 소망마저 끊어져 버렸으므로, 우리는 우리 자신을 의지하지 않고 죽은 자를 다시 살리시는 하나님을 의지하게 되었다"(고후 1:8~9)고 바울은 말했다. 절망은 우리를 소망으로 이끌기 위한 하나님의 은혜다.

하나님의 사랑과 인간의 사랑

사람에게 미움받을 때는 하나님께 사랑받으며, 하나님께 사랑받을 때는 사람에게 미움받는다. 하나님과 사람은 해와 달과 같다. 인망(人望)의 빛이 우리를 비출 때는 우리가 하나님을 등지고 서는 때다.

순수한 사랑

사랑은 순수해야 한다. 그 속에 아주 작은 불순물이 섞여 있어도 안 된다. 사랑은 성내지 않으며, 남의 악을 생각하지 않으며, 모든 일을 믿으며, 모든 일을 참는다. 나를 사랑하는 사람을 사랑하고, 나를 사랑하지 않는 사람을 미워하는 따위는 사랑 같으나 사랑이 아니다. 연애한다면서 갑자기 격렬한 질투와 미움으로 돌아서는 것은 그리스도가 가르치는 사랑이 아니다. 세상은 사랑이란 글자는 알면서 아직 사랑의 열매는 모른다.

가장 귀한 것

부와 권력보다 귀한 것은 지식이다. 지식보다 귀한 것은 도덕이다. 도덕보다 귀한 것은 신앙이다. 신앙보다 귀한 것은 사랑이다. 사랑에 굳게 서야 신앙은 확실하다. 도덕은 고상하다. 지식은 해박하다. 그리고 부도 권력도 마침내 사랑의 명령을 받는다. 만유의 중심을 붙잡고싶거든 사랑에 풍요한 사람이 되어야 한다.

사랑과 신앙

하나님은 사랑이므로 우리는 사랑할 때 비로소 하나님을 알 수 있다. 사랑하지 않는 사람은 하나님을 모른다. 하나님을 모르고는 그를 믿을 수 없다. 사랑으로 시작하지 않는 신앙은 거짓 신앙이다. 이는 사람을 죽이는 신앙이다. 구원하고 살리는 신앙이 아니다. 세상에 신앙과 관련한 다툼이 많은 것은 사랑에 입각하지 않은 신앙이 많기 때문이다.

사랑의 세계

하나님께 사랑받는 것이 인생 제일의 목적이다. 우리는 이 목적에 도달하기 위하여 하나님을 믿어 세상에서 미움받을 필요가 생기며, 의를 지키어 사람들에게 조롱받을 필요가 있으며, 선을 행하여 도리어 악인처럼 여겨질 필요가 있다. 세상에 왜 환난이 있는가? 우리가 하나님께 사랑받기 위해 있는 것이다. 그러므로 우리는 하나님은 사랑이라 말하며, 우주는 사랑의 기관이라 말함을 주저하지 않는다.

완전의 이해

우리를 미워하는 자에게 선을 베풀 수 있어야 비로소 완전이 무엇인지 알게 된다. 우리가 기꺼이 이를 행할 수 있기 전까지 우리는 아직 하나님 아버지를 알았다고 말할 수 없다. 세상에 우리를 미워하며, 욕하며, 시기하는 자가 있는 것은 우리가 그들로 인해 완전한 사람이 되기 위함이다. 우리가 그들을 싫어한다면 완전에 이르는 그 좋은 기회를 잃고 만다(마 5:43 이하).

원수를 사랑하는 결과

나를 미워하는 사람을 사랑한다는 것은 매우 괴로운 일이다. 그러나 주 그리스도가 그렇게 하라고 명하시기 때문에 내가 힘써

이를 행하다 보면 하늘문이 내 마음속에 열리어 주님을 영광 가운데 똑똑히 뵈올 수 있다. 괴로운 일 뒤에는 가장 기쁜 일이 숨어 있다. 우리는 어떤 일이든 용감하게 주님의 명령을 좇기만 하면 된다.

사랑의 이자

내가 남에게 사랑받고자 하면, 내가 남을 사랑하는 것이 상책이다. 왜냐하면 나는 내가 준 사랑 이상의 사랑을 남에게서 받을 수 없기 때문이다. 이러므로 나는 남에게서 나 자신의 사랑을 받는 데 불과하다. 그런데 내게서 나간 사랑이 한번 사람을 거쳐서 내게로 되돌아올 때에는, 나는 내게서 나간 원래의 그 사랑보다 더 늘어났음을 알게 된다. 사랑은 돈과 같다. 사람의 손에 넘어가 이자가 붙는다. 사랑에 주리는 자는 남에게 사랑을 주지 않은 자다. 남의 사랑을 바라기만 하고 이를 나눠 주지 않는 사람은 마침내 사랑의 구두쇠가 되어 사랑의 결핍으로 망하리라.

사랑의 행위

사랑으로 하지 않으려거든 아무 일도 하지 마라. 사랑으로 하지 않으려거든 성내지 마라. 사랑으로 하지 않으려거든 남이 베풀어 주는 은혜를 거절하지 마라. 사랑은 용기의 근원이다. 남의 선을 생각해 보면 우리는 그 사람에 대하여 무엇이나 해줄 수 있다.

크리스천임을 확증

원수를 사랑한다는 것은, 원수를 위하여 힘껏 선을 베푼다는 말이 아니다. 원수를 사랑한다는 것은, 글자 그대로 원수를 사랑하는 일이다. 곧 사소한 악의도 품지 않고, 티없는 호의를 가지고 그 사람의 선만을 생각하는 일이다. 이것은 죄로 죽을 우리 인간이 하고 싶다고 해서 되는 게 아니다. 이것은 성령을 받아, 그리스도의 구원에 참여함으로써 비로소 할 수 있는 일이다. 원수에 대하여 호의를 품을 수 있게 되는 때에 비로소 내가 크리스천임을 깨닫는다.

나와 남에 대한 사랑

남을 괴롭히고도 괴로움을 당하지 않는 자는 없다. 다른 짐승을 괴롭히는 사자는 많은 기생충한테 괴로움을 당한다. 그리고 기생충에겐 또 기생충이 있어 그 기생 생활을 불안하게 만든다. 남을 괴롭히는 것은 자기를 괴롭히는 것이다. 인류가 다 형제일 뿐 아니라 우주가 다 한 몸이다. 우주의 본질, 이를 사랑이라고 한다. 우리는 자기 자신을 사랑하는 것처럼 내 이웃을 사랑해야 한다.

하나님의 사랑

하나님의 사랑은 바다와 같다. 넓고 깊다. 우물 정도의 깊이가 아니다. 늪 정도의 넓이가 아니다. 우리는 하나님의 사랑의 깊이를 재려 할 때에 그 넓이를 잊어버리고, 그 넓이를 재려 할 때에 그 깊이를 잊어버린다. 우리는 하나님처럼 깊이 만인을 사랑할 수 없으며, 하나님처럼 넓게 영혼을 사랑할 수 없다. 사랑의 하나님, 우리의 사랑의 그릇을 키워 주셔서 우리가 당신처럼 깊고 또 넓게 사랑할 수 있게 하시옵소서.

사랑의 파동

어떤 사람이 하나님의 사랑에 감동하여 나를 사랑했다. 내가 그 사람의 사랑에 감동하여 또 다른 사람을 사랑했다. 그가 또 내 사랑에 감동하여 다시 어떤 다른 사람을 사랑했다. 사랑은 퍼져 나간다. 땅 끝까지 뻗어나가 세상 끝에 이른다. 나도 하나님께 나아가 그 사랑을 내 마음에 받아 땅에 사랑의 파동을 일으키리라.

사랑의 순서

첫째로 하나님을 사랑하라. 둘째로 세계와 인류를 사랑하라. 셋째로 나라와 동포를 사랑하라. 넷째로 자신의 가족을 사랑하라. 이 순서대로 사랑을 베풀면 나는 모든 사람과 화평할 수 있을 것이며, 내 사업은 번영하고 마음은 늘 평안할 것이다. 그러나 사랑의 순서를 뒤바꿔 놓을 때 나는 가인처럼 되어 사람은 다 나의 원수가 되고, 나는 또 사람의 원수가 될 것이다.

사랑의 장단

셰익스피어가 말했다. "적게 사랑하라. 그러나 길게 사랑하라." 일시에 많이 사랑하는 자는 길게 사랑하지 않는 자다. 뜨거운 사랑은 가상하다. 그러나 그 짧음은 탄식할 만한 일이다. 사랑은 생명과 같아서 그 뜨거움보다도 차라리 그 긴 것이 귀하다. 그런데 우리나라 사람의 성격으로는 뜨겁고 짧은 사랑이 보통이요, 은근하면서 긴 사랑은 희귀하니 딱하다.

내가 사랑하는 것

내 속에는 큰 것이 있다. 히말라야 산이 있다. 아마존 강이 있다. 태양계가 있다. 오리온 성좌가 있다. 내 속에는 작은 것이 있다. 패랭이꽃이 있다. 데이지가 있다. 매발톱꽃이 있다. 용담이 있다. 나는 웅대한 것과 세미한 것을 함께 사랑한다. 하나님과 어린이를 사랑한다. 그리스도와 죄를 뉘우친 죄인을 사랑한다. 그 밖의 것은 사랑하지 않는다.

세계 최대의 것

지식으로 완력을 이겨라. 신앙으로 지식을 이겨라. 사랑은 발전의 정점이다. 최대의 능력이다. 사랑에 이를 때, 우리는 세계 최대에 도달한 것이 된다.

보지 못하는 사랑

내게 가까운 사람은 나를 미워하리라. 그러나 나를 떠난 사람은 나를 사랑하리라. 현재의 사람은 나를 배척하리라. 그러나 후대의 사람은 나를 환영하리라. 보지 못하는 사랑은 보는 사랑보다 더 깊고 깨끗하다. 나는 보지 못하는 사랑 가운데서 내 친구를 삼으리라.

애정

사람에게 애정이 없다고 말하지 마라. 사람에게 애정이 없는 것이 아니다. 내게 애정이 없기 때문에 남에게도 애정이 없는 것처럼 느낄 뿐이다. 내게 애정이 있을 때 세상에 애정이 넘침을 볼 것이다. 나도 하나님께 사랑을 듬뿍 받아 세상을 사랑의 눈으로 보며 사랑의 낙원으로 가꾸어 가리라.

좁고 좁은 사랑

좁게 사랑하라. 그리고 넓게 사랑하라. 하나님이 주신 소수의 친구를 후하게 대함으로써 모든 사람을 후하게 대하라. 나의 주창(主唱)에 충실함으로써 모든 정직한 주창에 충실하라. 유한한 사람은 무한한 하나님처럼, 모든 사람에게 한결같이 후하며 한결같이 충실할 수가 없다. 그러므로 사람은 사랑을 일부에 집중하는 것이 전부에 충실하는 것이 된다.

신자와 불신자

"사랑이 없는 자는 하나님을 모른다. 하나님은 사랑이기 때문이다"(요일 4:8). 그렇다! 사랑이 없는 사람은 불신자다. 그가 세례를 받았건 성찬식에 참여하였건, 그가 감독이건 목사건 전도사건, 그가 신학자이건 성경학자이건 사랑이 없는 사람은 불신자다. 나는 성경에 이 명백한 말씀이 있음을 하나님께 감사한다.

상상과 체험

나는 상상했다, 사람은 다 선인이라고. 나는 체험했다, 사람은 다 악인임을. 나는 상상했다, 내가 선으로 사람을 대하면 사람은 반드시 선으로 내게 갚을 것이라고. 나는 체험했다, 내가 선으로 사람을 대했더니 사람은 나를 업신여기는 것을. 그러면 어찌할까? 그리스도를 믿을 뿐. 그리스도를 믿고, 업신여김을 받는 줄 알면서도 사람에게 선을 행할 뿐. 사람은 사람을 위하여 사랑할 수 없다. 그리스도의 사랑에 떠밀릴 때만 능히 사랑할 수가 있다.

사랑의 안전

"사랑에는 두려움이 없다. 완전한 사랑은 두려움을 내쫓는다" (요일 4:18). 하나님을 사랑인 줄로 알 때, 하나님에 대하여 무엇을 믿어도 그를 모독할 위험은 없다. 복음을 사랑이라고 깨달을 때, 성경에 대하여 어떻게 생각하든 오류에 빠질 위험은 없다. 사랑은 율법을 온전케 하며, 또 지식을 온전케 한다. 사랑은 자유다. 또 담대하다. 사랑이 넘쳐 날 때 우리가 붕새의 날개 위에 앉아 지식의 하늘을 날더라도 아무 위험이 없다. 존귀하다, 사랑! 안전하다, 사랑!

사랑의 요구

나는 내 지식이 부족한 것을 슬퍼하지 않는다. 또 나의 방법이 졸렬함을 슬퍼하지 않는다. 나의 사랑이 부족함을 슬퍼한다. 내 지식은 혹시 보통 이상이리라. 내 방법은 시류에 잘 어울리는 것이리라. 그러나 나는 사랑이 깊지 못함을 내가 더 잘 안다. 나는 이 이상 새로운 많은 지식을 더 갖기를 원하지 않는다. 또 더 현명한 방법 얻기를 원하지 않는다. 나는 나의 사랑이 더욱더 깊어지기를 원한다. 사랑, 사랑, 사랑, 내 유일한 요구는 이것뿐. 나는 오직 사랑이 더 부요하고 더 풍성한 사람이 되기를 원한다.

사랑의 힘

나는 나의 해박한 지식으로 남을 억누를 수 있으리라. 그러나 나의 사랑으로만 능히 그를 감화시킬 수 있다. 나는 나의 굳센 신앙으로 능히 남을 굴복시킬 수 있으리라. 그러나 나의 사랑으로만 능히 그를 내 친구로 삼을 수 있다. 지식과 신앙은 밖으로부터의 힘에 지나지 않는다. 오직 사랑만이 안으로부터의 힘이다. 사랑이 부족하면 솔로몬의 지식도 엘리야의 신앙도 한 사람의 크리스천을 만들 수 없다.

영존의 희망

나는 나의 사상으로 후세에 남아 있기를 원하지 않는다. 또한 나의 정책이나 군사적 공훈, 또는 예술로 내 이름을 후세에 전하려고 하지 않는다. 나는 나의 사랑으로써 길이 사람의 마음속에 머물러 있기를 원한다. 나의 저서는 모두 잊혀져도 좋다. 나의 사업은 모두 실패로 돌아가도 좋다. 원컨대 나의 사랑이 영구히 남기를. 원컨대 참사랑으로 냉수 한 그릇이라도 줄 수 있어서 작은 한 사람의 마음에라도 사랑의 기념으로 남을 수 있기를(마 10:42).

교우의 근거

나는 특별히 신자를 사랑하지 않는다. 또 특별히 불신자를 미워하지도 않는다. 나는 그 누구든 사람을 사랑하는 사람을 사랑한다. 사람을 사랑하는 사람이라면, 그가 신자라도 좋고 불신자라도 좋다. 나는 그를 사랑하고자 하며, 또 그에게 사랑을 받고 싶다. 나는 신자를 구하지 않는다. 사람을 사랑하는 사람을 구한다. 나는 또 누군가가 내가 신자이기 때문에 나를 사랑해 주기를 원하지 않는다. 내가 다소나마 사람을 사랑하는 까닭으로 인해 내게 사랑으로 다가와 주기를 원한다.

친구와 적

친구는 누구인가? 나의 장점을 인정하는 자다. 적은 누구인가? 나의 단점을 지적하는 자다. 친구는 나의 선을 격려하며, 적은 나의 악을 바로잡아 준다. 나의 향상을 돕는 데는 적이나 친구나 아무 다를 바가 없다. 나는 나의 친구를 사랑하듯 나의 적도 사랑한다.

사랑의 기적

하나님은 사랑이다. 사랑이기 때문에 그는 기적을 행하신다. 사랑이기 때문에 그는 경이로운 우주를 지으셨다. 사랑이기 때문에 그는 죽은 자를 다시 살리신다. 사랑이 하지 못하는 일은 없다.

하나님이 사랑임을 알 때, 그에 대하여 믿기 어려운 일은 하나도 없다. 사랑은 초자연이다. 성경이 사랑이신 하나님에 관한 기사임을 알 때, 성경은 이해하기에 어려운 것이 하나도 없는 책이 된다.

넓은 사랑

나는 정당을 조직하지 않고, 교회를 만들지 않는다. 나는 하나님을 사랑하며 또 사람을 사랑한다. 하나님을 사랑하기 때문에 모든 사람을 사랑한다. 크리스천을 사랑한다. 불교 신자를 사랑한다. 무신론자를 사랑한다. 모든 선한 사람과 의로운 사람을 사랑한다. 나는 이렇게 넓게 사랑하는 것이 정말 내 주 예수의 뜻에 맞는다고 믿는다. 나는 예수의 충실한 종인 이상, 나의 사랑을 세상의 이른바 크리스천에게만 국한할 수는 없다.

편만한 사랑과 그 실현

사랑은 신자에게도 있고 불신자에게도 있다. 짐승에게도 있다. 새에게도 있고 물고기에게도 있으며 벌레에게도 있다. 그렇다! 어떤 형태의 사랑은 식물에게도, 광물에게도 있다. 사랑은 우주에 두루 있다. 이것이 곧 우주는 사랑이신 하나님이 지으셨다는 증거다. 그러나 사랑은 그 최상의 상태로서 예수 그리스도를 통하여 자기를 나타내신 야웨 하나님께 있다. 그는 사랑이다. 순수한 사랑이다. 지극히 높은 사랑이다. 사랑의 근원이며 그 정수(精髓)이다. 그러므로 우리가 세상에 사랑을 가르치는 것은 세상에 없는 것을 가르치는 것이 아니다. 우리는 부자(父子)의 사랑의 근원을 가르치는 것이다. 부부의 사랑의 핵심을 가르치는 것이다. 새를 노래하게 하는 사랑, 꽃이 피게 하는 사랑, 그 사랑의 출처를 가르치는 것이다.

우리는 사랑으로 세상을 이기려 한다. 곧 사랑으로 하여금 최대의 세력이 되게 하련다. 그리스도의 복음은 결국 사랑의 전능전승(全能全勝)이다. 그 밖의 일은 여기에 이르기 위한 과정일 뿐이다. 그리스도의 사랑이 인류는 물론, 우주 만물에 이르기까지 차고 넘칠 때에 하나님의 나라는 도래한다.

얼마나 큰 사랑이냐!

아들을 가져보면 안다, 어버이의 은혜를. 그렇다! 아들을 잃어보면 안다, 하나님의 사랑을.

> 하나님은 그 외아들을 주시기까지 세상 사람을 사랑하셨다. 이는 그를 믿는 사람이 다 멸망하지 않고 영생을 얻게 하기 위해서다 (요 3:16).
> 보라, 우리는 하나님의 자녀라고 불린다. 이야말로 아버지가 우리

에게 베푸신 얼마나 큰 사랑이냐(요일 3:1).

아, 그렇다. 이 얼마나 큰 사랑이냐!

사람을 사랑하는 사랑

나는 사람을 사랑해야 한다. 사랑하지 않으면 안 된다. 그러나 내게 참된 사랑이 없음을 어찌하랴. 나는 사람을 사랑하지 않으면 안 되는데, 그를 사랑할 수가 없다. 아, 나는 얼마나 괴로운 사람인가!

그러나 그리스도에게 사람을 사랑하는 참된 사랑이 있다. 그리고 그가 내 안에 계셔서, 나를 통해 참으로 사람을 사랑하신다. 나는 내 온몸을 그리스도에게 내맡김으로써 그의 깨끗한 사랑으로 사람을 사랑할 수 있다. 나는 사람을 사랑하려 해도 사랑할 수 없다. 그러나 그리스도께서 내 안에 계시면 나를 대신하여 사람을 사랑하심으로써 나는 쉽게 진짜로 사람을 사랑할 수 있다. 아, 나는 얼마나 축복받은 사람인가!

사랑과 의

'사랑, 사랑' 하며 사랑만을 강조하면 사랑은 식는다. 사랑은 정의가 없는 곳에는 뻗어나지 않는다. 정의가 없는 사랑은 햇빛이 없는 습기와 같아서 곰팡이가 생기고 만물을 썩게 한다. 만일 하나님이 사랑뿐이고 동시에 또한 빛과 의가 아니라면, 우주는 벌써 망하여 없어졌을 것이다. 만일 기독교가 사랑만을 가르치는 종교라면, 이보다 더 나쁜 것은 세상에 없을 것이다. 예수가 가르쳐 말씀하셨다. "너희는 소금을 치고 서로 화목하라"(막 9:50). 짠 정의의 소금이 없는 곳에 진정한 화목이 없음을 알라. 사랑의 단맛만 있고 정의의 소금이 없는 곳에 사랑은 결코 평화의 열매를 맺지 못한다.

죄와 사죄

죄인의 종교

우리는 우리의 덕행으로 몸을 깨끗게 하려 하지 않는다. 우리의 온몸을 더러운 그대로 하나님께 바쳐서 깨끗이 씻어주시기를 원한다. 수양하고 단련해서 스스로 닦아 스스로 깨끗해지라고 가르치는 것은 사람의 가르침이다. 신앙, 헌신을 하여 죄의 말소를 전하는 것이 하나님의 가르침이다. 기독교가 세상 성인 군자의 배척을 받는 것은 기독교가 죄인의 종교이기 때문이다.

용서

자비, 관용, 용서, 인내……. 우리를 위하여 하늘에 쌓여 있는 소망이 충만하기에 우리는 이러한 그리스도적인 미덕으로 차고 넘칠 수 있다. 용서할 수 없는 것은 내게 부족함이 있기 때문이다. 내가 안으로 충만하여 있을 때 용서는 가장 쉬운 일이다. 충만하라. 그리고 용서하라.

최대의 이단

최대의 이단은 형제를 미워하는 것이다. 형제의 실패와 타락을 기뻐하는 일이다. 이 이단이 있는 곳에는 오소독스(orthodox: 정통)도 없고, 헤테로독스(heterodox: 이단)도 없다. 우리는 첫째로 젠틀맨이 되어야 한다. 신 학설을 정하는 것은 그 다음이다.

나의 큰 소망

나는 죄를 짓는 자다. 하나님만이 거룩한 분이다. 내가 나인 동안은 나는 언제까지나 죄를 지을 것이다. 그러나 하나님이 내가 되시는 때에는 나는 전혀 죄를 짓지 않게 될 것이다. 나는 믿어 의심치 않는다, 내 마음속에 선한 일을 시작하신 하나님이 예수 그리스도의 날에 이것을 온전히 이루어 주실 것을(빌 1:6).

복음의 진수

"예수 그리스도의 피가 모든 죄에서 나를 깨끗하게 한다"(요일 1:7).

복음의 진수는 여기 있다. 이것이 없다면 복음은 복음이 아니다. "동이 서에서 먼 것처럼 야웨는 우리의 허물을 우리에게서 멀리하셨다"(시 103:12). 나는 그 이유를 설명하지 못한다. 그러나 그것이 사실임을 믿는다. 나의 구원은 내 죄의 용서로써 시작되었다. 죄가 사면된 이유는 하나님의 독생자가 십자가 위에서 희생하신 데 있다. 십자가를 우러러보고 나는 비로소 새 사람이 되었다.

가장 두려운 형벌

하나님을 거역했다고 해서 그 형벌로 당장 병에 걸리거나 가난이 닥치거나 또는 사회의 지위를 잃는 것은 아니다. 아니, 대개의 경우 환경 개선은 하나님을 버린 결과로 오는 것이다. 하나님을 거역한 자가 당장에 받는 형벌은 품성의 타락이다. 곧 신성한 일과 고상한 일이 보이지 않게 되고, 비열한 일과 저속한 일을 추구하게 된다. 이것이 가장 두려운 형벌이다. 이보다 더 무서운 형벌은 없다. 이 형벌이 특히 무서운 이유는 이를 받은 자가 그것이 형벌임을 모르는 데 있다. 우리는 하나님께 기도하여 어떤 다른 형벌을 받더라도 이 두려운 품성 타락의 형벌만은 받지 않도록 해야 한다.

죄를 짓지 않는 길

나는 죄를 짓지 않으려고 해도 도리어 죄를 더 짓는다. 내가 그리스도를 믿을 때 비로소 죄를 짓지 않게 된다. 죄를 짓지 않는 길은 죄를 짓지 않으려고 노력하는 데 있는 것이 아니라 그리스도를 믿는 데 있다. "그리스도가 우리를 사랑하여 그 피로써 우리의 죄를 씻어 깨끗하게 하셨다"(계 1:5). 이는 신조가 아니다. 체험적 사실이다. 우리가 그리스도를 의지하고 그 안에 거하면 내 죄가 이미 다 씻겨 깨끗하게 됨을 안다.

세밑의 소망

내겐 아직 내가 정복하지 못한 죄악이 있다. 나는 이를 생각하고 때로는 실망한다. 그러나 나는 그리스도로 말미암아 내가 이미 정복한 죄악이 있음을 안다. 나는 이를 생각하고 소망을 회복한다. 현재의 나는 과거의 나보다 완전하다. 미래의 나는 현재의 나보다 완전하리라. 나는 현재 완전하지 못하다. 그러나 그리스도가 나타나실 때에 나는 그의 완전하심과 같이 완전하리라. 나는 과거의 하나님의 은혜를 돌아보고, 나의 미래에 대하여 크나큰 소망을 갖는다.

복음이란 무엇인가?

복음은 높은 도덕이 아니다. 완전한 철학도 아니다. 복음은 죄의 사면이다. 야웨께서 말씀하셨다. 나를 우러러보라, 그러면 구원을 받으리라고. 하늘에서 내려오는 이 소리가 없다면 그 진리와 가르침이 아무리 깊고 높더라도 나를 기쁘게 할 복음은 내게 없다. 복음은 간단하면서도 힘있는 하나님의 소리다. 나는 어린아이의 마음으로 이 소리를 믿음으로써 구원받는다. 우리는 복음을 성경학, 종교 철학, 또는 조직 신학과 같이 보면 안 된다.

작은 구주

그리스도는 우리의 죄를 대신 지셨다. 우리도 그리스도 안에서 세상 죄의 얼마를 져야 한다. 진리를 가르치는 것만이 기독교 신자의 본분은 아니다. 그는 또한 사람들에게 고난을 받고 세상 죄의 얼마를 대속하지 않으면 안 된다. 그가 하나님께 부름받은 것은 자신이 구원받기 위해서만은 아니다. 그리스도와 함께 세상 죄를 지기 위해서다. 속죄가 그의 본분이다. 그는 그리스도와 함께 고난을 받아, 작은 구주가 되어야 한다.

고통과 형벌

고통은 형벌이다. 나는 확실히 이것을 인정한다. 이것을 인정하고 하나님을 찬미한다. 고통은 형벌이다. 내가 죄를 지었기 때문에 하나님은 내게 고통을 내리셔서 그 의를 내게 나타내신다. 때로는 내 죄 때문이 아니라 내 조상의 죄 때문에, 내 동포의 죄 때문에, 내 골육 또는 친구의 죄 때문에 나를 벌하셔서 공의를 세상에 나타내신다. 나는 이 일이 있기 때문에 하나님을 찬미한다. 내가 싫어하는 하나님은 죄를 보기만 하고 벌하지는 않는 하나님이다. 나는 자비뿐인 하나님을 싫어한다. 나는 정의의 하나님을 사랑한다. 벌하지 않고는 용서하시지 않는 하나님을 사랑한다. 고통은 형벌의 표현이며, 형벌은 사랑의 실증이다. 우리에게 고통이 오는 동안은 하나님이 우리와 함께 계시다고 믿어도 좋다.

복음의 성격

기독교 복음은 죄인을 위한 복음이요 약자를 위한 복음이다. 그러므로 내게 복음을 말하지 못할 때는 없다. 또 세상에 복음을 믿을 수 없는 사람은 없다. 내가 죄를 지었다고 해서 복음을 말할 자격을 상실한 것은 아니다. 약한 것이 도리어 복음을 믿는 데 유익하다. 복음은 인생의 가장 밑바닥에 펼쳐 놓은 하나님의 구원의 그물이다. 죄와 약함을 인정한다면 그 구원에서 누락되는 자는 없다.

십자가의 가르침

악을 대항하지 않는 일이다. 원수의 죄를 용서하는 일이다. 죽음에 이르기까지 사랑하는 일이다. 이것이 십자가의 가르침이다. 이를 믿고 행하면 산다. 승리와 영광은 그 결과다. 부활과 영생은 그 보상이다. 그리스도는 바로 이것을 가르치기 위하여 세상에 오셨다. 사람은 위력으로 이기려 하기 때문에, 지식으로 살려고 하기 때문에 하나님은 그 아들을 보내셔서 그를 원수의 손에 넘기심으로써 승리와 생명의 길을 보여 주셨다. 아, 귀하다, 십자가의 길이여!

무엇보다도 확실한 일

하나님이 계신 것, 내가 존재하는 것, 하나님이 의로우신 것, 내가 의롭지 못한 것, 그러므로 의롭지 못한 나로서는 의로우신 하나님과 화친할 수 없는 것, 나는 나의 노력으로 나를 의롭게 할 수 없는 것, 그러므로 태어나면서 멸망의 아들인 것, 그런데 그리스도가 내 죄를 자기 몸에 지고 대신 죽으신 것, 그리고 나는 신앙으로써 그의 의를 나의 의로 삼을 수 있었기에 비로소 의로우신 하나님과 화친할 수 있게 된 것, 이는 무엇보다도 확실한 일이다. 성경은 사라져도 이 일은 사라지지 않는다. 기독교는 없어져도 이 일은 없어지지 않는다. 나의 존재가 확실한 동안은 나의 복음의 이 근본적 진리를 의심할 수 없다.

나의 신앙

나의 신앙은 단순하고 간단하다. 곧 예수 그리스도가 나의 죄를 구원하기 위해 십자가에 못박혀 죽으셨다는 것, 이것이다. 그 설명을 나는 제대로 할 수 없다. 나는 왜 죄인인지를 모른다. 나는 단지 내가 죄인임을 안다. 나는 또 왜 그리스도의 죽음이 내 죄를 없애고 나를 구원하는지를 모른다. 단지 그것이 내 죄를 없애고 나를 구원하는 유일한 능력임을 안다. 나는 죄의 사실을 안다. 또 구원의 사실을 안다. 그러나 죄의 원인과 구원의 이유를 나는 제대로 설명하기 어렵다. 나의 신앙은 사실의 신앙이다. 교리를 설명하거나 신조를 받드는 신앙이 아니다.

하나님의 침묵

이제는 사람이 하나님을 버리더라도 하나님은 이를 꾸짖지 않는 것 같다. 사람이 죄를 짓더라도 하나님은 이를 벌하지 않는 것 같다. 그러므로 사람들은 말한다, 하나님은 없다고. 그러나 나는 그렇게 믿지 않는다. 지금은 하나님이 침묵하는 때다. 세상 죄가 많기 때문에 사람들이 짓고 싶은 대로 죄를 짓게 내버려 두는 때다. 정말 지금처럼 두려운 때는 없다. 사람들은 하나님의 진노를 쌓고 있다. 그리고 "하나님의 풍성한 자비와 인내와 관용이 끝나고, 진노의 날"(롬 2:4~5)이 임하는 때에 세상에 커다란 슬픔이 닥쳐 이를 갈 것이다. 태풍이 땅을 휩쓸어 오기 전에 잠시 고요하듯, 오늘 하나님의 침묵은 장차 올 두려운 심판의 징조가 아니고 무엇이랴.

죄를 지신다는 뜻

그리스도가 우리의 죄를 지셨다는 것은 그가 우리를 대신하여 하나님께 벌 받으셨다는 뜻이 아니다. 우리의 죄를 자기의 죄로 여기고, 이를 몹시 탄식하셨다는 뜻이다. 우리가 죄를 지으면 그리스도가 아파하신다. 그가 죄를 미워하심과 동시에 우리를 사랑하시기 때문이다. 우리는 죄를 지을 때마다 다시 그를 십자가에 못박는다(히 6:6). 그의 거룩한 몸에 상처를 주는 것은 쇠못이 아니라 사람의 죄다. 우리가 그를 편하게 해 드리려면 죄를 멀리 해야 한다.

성결과 구원

먼저 깨끗하게 되고 그 다음에 구원받는 것이 아니다. 먼저 구원받고 그 다음에 깨끗하게 되는 것이다. 먼저 율법과 도덕의 범위를 벗어나야 그 다음에 깨끗하고 의로운 자가 될 수 있다. 쉽게 깨끗함을 받지 못하고 또 쉽게 구원받지 못하는 것은 성결과 구원의 순서를 모르기 때문이다. 성경은 이 사실을 명백히 보여 준다. 복음이 복음인 이유는 세상 도덕과 완전히 반대로 구원이 먼저이고 성결이 나중인 데 있다.

기도와 사죄

하나님이 내 기도를 들어 주시기를 바란다면, 나는 먼저 내 죄를 용서받아야만 한다. 내 죄를 용서받으려면, 나는 먼저 남이 내게 지은 죄를 용서해 주어야만 한다. 전 우주에 내가 미워하는 사람 또는 원망하는 사람이 한 사람도 없어야 나는 하나님 앞에 서서 내 기도가 반드시 이루어질 것을 안다. 그러므로 말한다. "너희가 만일 남의 죄를 용서하지 않으면, 너희의 아버지도 너희 죄를 용서하시지 않을 것이다"(마 6:15). "네가 제단에 제물을 드리려 할 때에 형제가 네게 어떤 원한을 품은 것이 생각나거든 너는 그 제물을 제단 앞에 두고 나가서 먼저 형제와 화해하라. 그리고 와서 제물을 드려라"(마 5:23~24).

회개의 행복

죄를 짓고 회개하지 않으면 이보다 더 큰 불행은 없다. 죄를 짓고 회개하면 이보다 더 큰 행복은 없다. 죄를 짓고 나는 나의 약함을 알며, 동시에 하나님의 강함과 그 깊은 은혜를 안다. 죄는 나를 온유하게 하며, 또 겸손하게 하며, 통회 자복하는 사람이 되게 한다. 죄는 나로 하여금 쉽게 남의 죄를 용서하게 한다. 세상에 회개한 죄인보다 더 아름답고 사랑스러운 사람은 없다.

죽음을 환영함

죽음은 신자에게도 오고 불신자에게도 온다. 의인에게도 임하고 악인에게도 닥친다. 그러나 의인에게 임하면 죽음은 그를 완성하고, 악인에게 닥치면 그를 파멸한다. 저주할 것은 죽음이 아니라 죄다. 죄가 사면된 자에게 죽음은 아무것도 아니다. 아니, 도리어 그를 깨끗하게 하고 그를 빛나게 하며, 그를 하나님 앞에 완전한 자로 서게 한다. 하나님을 믿고 죄를 용서받으면 우리는 죽음을 얼마든지 환영할 수 있다.

성공과 멸망

하나님이 죄악을 이 세상에서 영구히 멸절하려 하실 때 그는 먼저 죄악을 마음껏 성공시켜 세상이 이를 찬양하게 하며, 귀족 재벌이 이에 가담하게 하여 죄악을 하늘 높은 데까지 오르게 하고, 그런 다음에 벽력같이 멸망을 내리어 땅 위에서 그것을 쓸어 버리신다. 하나님을 경외하지 않는 자에게 성공은 멸망의 징조다. 정부가 그렇다. 교회가 그렇다. 국가가 그렇다. 개인이 그렇다. 성공을 자랑하는 자는 죽임을 당하기 직전의 살진 양과 같다. 머잖아 세상은 그를 찾아도 보지 못할 것이다. 하나님이 그를 없애 버렸기 때문이다.

"새장에 새가 가득한 것처럼, 불의의 보화가 그들의 집에 가득하다. 그러므로 그들은 큰 자가 되며 부요한 자가 된다. 그들은 살져 얼굴에 기름기가 돈다. 그 악한 행위는 크다……야웨 말씀하신다.

내가 이런 자를 벌하지 않으랴. 내 마음이 이런 백성에게 원수를 갚지 않으랴"(렘 5:27~29).

신자와 불신자의 구별

세례를 받고 안 받고의 구별이 아니다. 교회에 속하고 안 속하고의 구별이 아니다. 술을 마시고 안 마시고의 구별이 아니다. 남의 죄를 용서함과 용서하지 않음의 구별이다. 신자는 죄를 용서하고 불신자는 죄를 용서하지 않는다. 신자는 오래 원한을 품지 않는다. 불신자는 언제까지나 원한을 품고 이를 풀려 하지 않는다. 원한은 마음의 독이다. 이를 속에 감추어 둔 사람이 불쾌한 것은 당연하다. 용서는 독소를 제거하는 것이다.

나라를 구하는 길

나라를 구하는 길은 백성을 구하는 데 있다. 그리고 백성을 구하는 길은 각 사람을 구하는 데 있다. 군대를 지휘하는 사람은 대장이다. 그러나 적을 죽이는 자는 병졸이다. 대장은 많을 필요가 없다. 그러나 병졸은 많아야 하고 잘 훈련되어야 한다. 우리 모두가 정치가가 되어 국정을 담당할 필요는 없다. 그러나 모두가 선량한 시민이 되어 그 동포와 이웃을 도우며 지도할 필요가 있다. 이제 국가를 구원하겠다고 호언하는 사람은 백만을 셀 수 있으나, 동포 한 사람 한 사람을 구원하려는 사람은 거의 없다. 대장만으로 구성된 군대에 전투력이 없듯 정치가만으로 이루어진 국민은 멸망할 것이다.

정치가 하는 일

종교, 도덕이 정치를 낳은 예는 있지만 정치가 종교, 도덕을 낳은 예는 없다. 마치 꽃은 항상 열매를 맺지만, 열매는 꽃을 피운 일이 없음과 같다. 공자의 교훈이 있었기에 진(秦)나라 목공(穆公), 당(唐)나라 태종(太宗)의 어진 정치가 있었다. 칼뱅의 신학이 있었기에 네덜란드가 일어났고, 녹스의 설교가 있었기에 영국 17세기의 혁명이 있었다. 정치로 종교와 도덕을 일으키려 하는 사람은 잎으로 줄기와 뿌리를 만들려 하는 사람과 같다. 그 사업이 거꾸로 되어 실패로 끝날 것은 뻔하다.

신앙과 애국심

나는 조국을 배반하고 나의 종교를 믿을 수 없다. 나는 내 종교를 버리고 조국에 충성할 수 없다. 나의 신앙은 애국심으로 뒷받침되고, 나의 애국심은 신앙으로 깨끗하게 된다. 외국 사람들에게 의존하는 종교와 박애에 뿌리내리지 않은 애국심을 나는 단호히 배척한다.

구원

사람을 구원한다고 함은 그에게 의식(衣食)을 공급한다는 말이 아니다. 그의 욕심을 채워줌으로써 그에게 일시적인 쾌락을 준다는 말이 아니다. 사람을 구원한다고 함은 그를 하늘에 계신 하나님 아버지께로 인도하는 일이다. "우리에게 아버지를 보여 주시면 족하겠습니다."

내 아버지가 나의 모든 기도를 들어 주심을 알기에 내 모든 희망은 채워진다. 내게 아버지를 보여 주는 이가 내 스승이요 은인이다.

동양과 서양의 구별

서양 역사에서 기독교를 빼고 보면 그것은 하나의 동양 역사일 뿐이다. 백성은 임금에게 맹종하고 승려를 경배하여, 줏대도 없고 이상도 없는 백색의 동양인이었을 뿐이다. 서양·동양의 구별은 백색·황색의 구별이 아니라 기독교와 유교의 구별이다. 성경과 논어의 구별이다. 우리는 동양에 있으면서 오히려 서양인일 수 있다.

개혁 정신

사회의 개혁, 새 국가의 건설, 이것이 우리를 분발시키기에 충분한 사상은 아니다. 육체의 부활, 그리스도의 재림, 만물의 부흥, 영원한 영광, 이것 없이는 우리에게 가슴 설레는 기쁨이 없다. 활동의 동기가 없다. 우리는 이 세상 이상의 사람이 되지 못하면, 이 세상을 개조하기에 충분한 사람이 될 수 없다.

나의 사회 개혁법

사람은 당장 사회를 개혁하려 한다. 나는 먼저 사람을 개조하고 그 후에 사회를 개혁하려 한다. 사람들은 당장 사람을 개조하려 한다. 나는 그리스도를 통하여 사람을 개조하려 한다. 나의 사회 개혁법은 너무 에돌아가는 것같이 보이지만, 그러나 과거 2천 년간의 인류의 역사에 비추어 나는 이것이 가장 확실하며, 가장 신속한 개혁법임을 확신한다.

선동과 구원

사회는 선동에 의하여 개선되지 않는다. 선동은 먼지를 날리고 티끌을 일으킬 뿐이다. 선동의 보람은 더러움이 있음을 보여 주는 데 있다.

사회는 사랑에 의하여 개선된다. 남의 죄를 용서하고 그것을 내가 맡아 짐으로써 깨끗하게 한다. 속죄는 유일한 사회 개선법이다. 그리스도가 나를 깨끗하게 하셨다. 나는 이로 말미암아 사회를 깨끗하게 하리라.

만민 구원의 소망

죄인의 괴수인 나를 구원할 수 있는 사랑이라면 어떠한 죄인이라도 구원하고 오히려 남음이 있으리라. 나는 나를 구원하신 하나님의 사랑으로써 구원할 수 없는 죄인의 경우를 상상할 수 없다. 하나님이 세상보다 먼저 나를 구원하신 것은 내가 만민에게 하나님의 구원의 약속을 전하도록 하기 위함이다. 나는 만민 구원의 소망을 나 자신의 구원에 둔다.

신자와 불신자의 차이

세상에 나만큼 불행한 자는 없다고 말하는 사람은 불신자이다. 세상에 나만큼 행복한 자는 없다고 말하는 사람이 기독교 신자이다. 신자와 불신자를 구별하기는 매우 쉽다.

우는 소리를 하는 자는 불신자요, 아무 불평도 없는 사람은 신자이다. 몇 번이나 세례를 받고, 몇 차례 성찬식에 참여하였어도 마음에 구원의 기쁨을 느끼지 못하고 사랑이신 하나님을 인정하지 않는 사람은 불신자이다. 나는 기쁨이 없는 신자를 많이 보았다. 그들은 미끈한 불신자이다.

번민

지금은 어둠의 세상이다. 지금은 시기의 세상이다. 사람은 하나님을 찾으려 하지 않고, 이상의 사람을 찾아내려고만 하고 있다. 그러므로 그들은 실망하며, 번민하며, 또 성내고 있다. 그들은 하나님의 아들이 되려 하지 않고, 사람의 제자가 되려 하고 있다.

그들은 하나님의 품 안으로 돌아오려 하지 않고, 사람의 소매에 매달리려 하고 있다. 그 사람이 그들의 마음에 맞지 않는 사람이기 때문에 그 사람에게 침을 뱉고, 그 사람을 경멸하는 것으로 다소의 쾌락을 맛보고 있다. 하나님을 모르는 사람의 마음처럼 천박한 것은 없다. 세상 사람이 만인이면 만인이 다 이렇게 한심한 사람임을 생각하고, 우리는 때로 눈물을 흘리지 않을 수 없다. 우주의 고아, "희망이 없고, 또 세상에 살면서 하나님이 없는 자"(엡 2:12)란 바로 그들이다.

기독교적 정치

정계는 정권 투쟁을 하는 곳이 아니다. 이는 동포를 위하여 선을 베푸는 곳이다. 그리스도를 믿으면서 정치에 종사하는 자여, 이 기회를 조물주의 영광을 나타내는 데 이용하라.

기독교적 정치는 평민적 정치다. 그리스도는 평민이었다. 그러므로 평민에게 충실하는 것은 그리스도에게 충실하는 것이다. 그리스도를 믿는다고 하면서 왕에게만 충실하고, 평민에게 충실하지 못한다면 가짜다. 위선이다. 나는 귀족적 기독교 신도의 존재를 믿을 수 없다.

"공의를 물같이, 정의를 다함없는 강물같이 흐르게 하라"(암 5:24). "정의로써 가난한 자를 심판하며, 정직으로써 세상의 겸손한 자를 판단하라"(사 11:4). "백성이 많은 것은 왕의 영광이며, 백성이 적은 것은 주권자의 패망이다"(잠 14:28). 기독교의 정치는 백성을 위한 것이다. 가난한 자를 위한 것이다. 비천한 자를 위한 것이다. 성경은 정치를 큰 자선사업으로 보고 있다.

카를 대제의 정치도, 프랑스의 샤를 11세의 정치도, 크롬웰의 정치도, 링컨의 정치도, 세상에서 기독교적 정치라고 말하는 것은 다 가난한 자, 억눌린 자, 사회의 밑바닥에 있는 자를 위한 정치였다. 귀족을 위한 정치는 하나님의 뜻에 맞지 않는 정치다. 또 귀족을 위한 정치도 아니다.

그리스도와 사회 개혁

내게 그리스도를 가르치지 말고 기독교적 사회 개혁 방법을 가르치라고 요구하는 사람이 있다. 그러나 이러한 사람은 내게 무리한 일을 요구하는 것이다. 그리스도를 떠난 기독교적 정치는 없다. 기독교적 사회 개혁 방법은 없다. 그리스도를 가르치는 것이 기독교적 정치다. 기독교적 사회 개혁 방법이다. 나는 그들의 요구에 응하기 위하여 그들이 요구하지 않는 그리스도 그분을 가르치겠다.

나의 정치

내게 정치를 말하라고 권하는 자가 있다. 그러나 나는 정치를 말할 수 없다. 그것은 이 세상의 것이 아니기 때문이다. 나의 정치는 하늘나라의 정치다. 곧 자애고 평화이고 긍휼이며 인내. 군사와 야욕과 권리와 세력을 논하는 정치는 나의 정치가 아니다.

나의 구원의 소망

내가 만일 멸망될 자라면 멸망할 기회는 심히 많았다. 그러나 하나님은 모든 위험에서 나를 구원해 내셨다. 나의 과거에 이처럼 큰 은혜를 베푸신 하나님은 나의 장래에도 내 죄 때문에 나를 원수에게 내맡기시지 않을 것이다. 나의 소망은 오직 하나님의 깊은 은혜에 있다. "내 마음속에 선한 일을 시작하신 이가 그리스도 예수의 날까지 그것을 완성하시리라고 나는 확신한다"(빌 1:6).

나의 구원(I)

나는 내가 바랐기에 구원받은 것이 아니다. 나의 뜻을 거스르며 구원받은 것이다. 나는 세상을 사랑했다. 그런데 하나님은 세상에서의 나의 모든 계획을 깨뜨리시고 나에게 내세만을 바라보게 하셨다. 나는 사람들에게 사랑받기를 원했다. 그런데 하나님은 많은 원수를 내게 보내어 내가 인류에게 실망하도록 하고 하나님만을 의지하게 하셨다. 만일 내 생애가 내가 소망한 대로 되었다면, 나는 지금쯤 하나님도 없고 내세도 없는 속인(俗人)이 되었을 것이다. 어쩔 수 없어 나는 하나님의 구원에 참여한 자다. 그러므로 나는 내가 구원받은 일에 관하여 아무것도 자랑할 바 없다.

소란 중의 평안

국민은 일어나고, 국민은 멸망한다. 전투의 소란은 땅 끝까지 울리고, 그 동요는 심하다. 그러나 나의 영은 주 안에서 평안하다. 나는 성경을 통해 세상의 처음을 알고, 또 그 나중을 안다. "주께서는 자기에게 속한 자를 아신다"(딤후 2:19). 하나님이 간혹 하늘과 땅을 흔드시는 것은 "흔들리는 것이 사라지게 하고, 흔들리지 않는 것이 남아 있게 하기 위해서다"(히 12:27). 흔들어서 알곡과 쭉정이를 골라낸다. 우리는 하나님을 의지하고 흔들리지 않을 것이다.

구원의 열매

구원받았다고 마음속으로 생각하는 것이 아니다. 또 그렇게 머리로 믿는 것도 아니다. 구원받는 것은 악한 마음이 선한 마음으로 바뀌고, 옛 사람을 벗어 버리고 새 사람을 입어 구원의 열매를 온전히 이루는 것이다. 기독교는 신학도 아니고 행위도 아니며 사상도 아니다. 기독교는 심령의 사실이다. 영혼의 개조다. 가장 놀랄 만한 기적이다.

사람을 살리고 죽임

사람을 죽이는 쾌락도 있으리라. 그러나 사람을 살리는 쾌락은 사람을 죽이는 쾌락보다 훨씬 낫다. 적을 수만 명 죽였다는 뉴스를 듣고 기뻐하는 자가 있지만, 그 쾌락은 며칠만 지나면 없어진다. 그러나 거지 한 사람을 도왔을 때 그 쾌락은 평생 사라지지 않는다. 나는 사람을 죽이는 자가 되기보다는 사람을 돕고 또 살리는 자가 되고 싶다.

환경과 의지

사람과 자연은 밖에서 일하고, 하나님은 안에서 일하신다. 전자는 환경을 만들고, 후자는 의지를 만드신다. 우리가 하나님께로 가는 것은 그로 말미암아 우리의 의지를 굳세게 하기 위해서다. 환경을 이겨내고, 스스로 새 환경을 만들기 위해서다. 사람은 하나님의 아들이다. 환경의 종이 아니다. 하나님을 의지하고 환경을 무시하며, 환경을 깨뜨리고 의지의 자유를 실행하는 자다.

십자가를 우러러보라

"너희는 나를 우러러보라. 그리하면 구원을 받으리라"(사 45:22). 십자가의 그리스도를 우러러보라. 그리하면 구원을 받으리라. 그 흘리신 피는 너의 죄 때문임을 인정하라. 그리하면 구원을 받으리라. 말로 다할 수 없는 고통은 너의 죄에 대한 하나님의 진노의 표현임을 인정하라. 그리하면 구원을 받으리라. 그리스도의 죽음을 너의 죽음이라고 인정하라. 그리하면 구원을 받으리라. 단지 바라보는 것이 아니라 우러러봄으로써 구원을 받는다. 곧 신앙으로 자신이 그리스도와 함께 십자가에 못박힘으로써 구원을 받는다(갈 2:20).

작은 학자와 작은 상인

대학을 졸업하여 지식을 쌓았다 해서 이미 종교가 필요 없다고 하며, 상업에 종사하여 돈을 좀 벌었다 해서 이미 종교가 필요 없다고 한다. 작은 두뇌는 약간의 지식으로 채울 수 있으리라. 작은 욕심은 약간의 재물로 채울 수 있으리라. 작은 학자가 되고 작은 상인이 되었다고 해서 하나님보다 슬기롭고 하나님보다 부요한 줄로 여긴다. 누군가가 말했다, 희망은 청년에게 있다고. 나는 요즘 청년에 대하여 실망한 지가 오래다.

나의 구원(II)

그리스도가 나의 구원이다. 나는 그를 본받아 구원받은 것이 아니다. 그렇다! 나는 그를 본받을 수 있는 자가 아니다. 나는 자신을 벗고 그리스도를 입음으로 구원받았다. 그리스도를 제외하고 달리 구원이 없다. 우리는 그리스도의 지체가 되어 구원받는다. 나와 그리스도가 마주 보고 있을 수는 없다. 나는 그리스도와 한 몸이 되어야 한다. 그리스도가 내 안에 사시고 내가 그리스도 안에 살지 않으면 안 된다. 그리스도와 나의 관계는 스승과 제자의 관계여서는 안 된다. 주종의 관계여서는 안 된다. 줄기와 가지의 관계다. 한 몸에 붙은 머리와 손발의 관계다.

지금의 구원

구원은 사실이다. 의식(意識)이 아니다. 또 신앙이 아니다. 우리는 구원되어 구원받은 것이다. 알고 구원받은 것이 아니다. 믿는다고 믿고 구원받은 것이 아니다. 지금 살아 계신 그리스도께 지금 구원되어 구원받은 것이다. 과거의 그리스도를 회상하고 구원받은 것이 아니다. 사라진 그리스도를 명상하고 구원받은 것이 아니다. 전에 죽은 적이 있지만 영원무궁토록 살아 계시는(계 1:18) 그리스도께 지금 구원되어 구원받은 것이다.

구원의 3단계

행함으로 구원받는 것이 아니다. 믿음으로 구원받는다. 믿음으로 구원받는 것이 아니다. 성령을 받음으로 구원받는다. 행위는 신앙을 촉진하는 데 필요하다. 신앙은 성령을 영접하는 데 필요하다. 행위, 신앙, 성령받는 일은 구원의 3단계다. 이 단계를 거치지 않고는 하나님 나라에 들어갈 수 없다.

크리스마스의 아침

이때, 우주는 완전에 이르는 마지막 걸음을 내딛었다. 이때, 하나님을 닮은 '제2의 사람'이 세상에 나셨다. 이때, 만물 부흥의 단서가 열렸다. 이때, 새 사회의 건설이 시작되었다. 이때, 평민이 세계의 주권자가 되었다. 이때, 사랑이 인류의 율법이 되었다. 이때, 낡은 도덕이 다 없어지고, 옛 질서는 다 무너졌으며, 만물이 새롭게 되었다. 이때, 모든 선한 일이 세상에 임했다. 우리가 어찌 이때를 축하하지 않으랴?

복음의 힘

복음은 정치가 아니다. 그러나 국가를 깨끗하게 한다. 복음은 미술이 아니다. 그러나 아름다운 감정을 불러일으킨다. 복음은 철학이 아니다. 그러나 사유(思惟)를 자극한다. 복음은 산업이 아니다. 그러나 부를 증진한다. 복음은 이 세상의 일이 아니다. 그러나 사람의 중심을 살리기 때문에 활동의 모든 방면에서 이 세상을 계발(啓發)한다. 이 세상 밖의 복음이야말로 이 세상을 구원하는 유일한 힘이다.

내가 믿는 복음

그리스도가 내가 지은 모든 죄를 속해 주셨다. 그리스도가 내가 행할 모든 선을 나를 대신하여 행하셨다. 그리스도가 나를 위하여 영생을 주시고, 나를 아버지의 나라로 영접하신다. 나는 다만 그리스도를 믿으면 된다. 내가 믿는 복음은 이것이다. 그것을 믿기 어려운 까닭은 너무도 좋기 때문이다. 그러나 하나님의 복음은 그 이하의 것이 아니다. "야웨를 경외하는 자에게 야웨가 주시는 인자함은 그 크기가 하늘이 땅보다 높음과 같다"(시 103:11).

국가의 위험

불신의 세상은 '인물, 인물' 하고 외치며 인물을 찾기에 바쁘다. 그러나 모르는가? 하나님께 돌아오는 때, 사람은 모두가 인물임을. 사람을 의존하지 않고 하나님을 의지할 때, 국가의 경영을 어린아이에게 맡겨도 된다. 이사야는 미래의 그리스도의 나라에 대하여 예언했다.

> 그때에 이리가 어린 양과 함께 살며, 표범이 어린 염소와 함께 누우며, 송아지와 어린 사자와 살진 짐승이 함께 있어 어린아이에게 끌려 다니리라(사 11:6).

사람의 지도를 받지 않으면 설 수 없는 나라와 사회의 앞날은 위험하다.

완성된 구원

인류는 그리스도 안에서 그 죄를 심판받았다. 인류는 그리스도 안에서 그 죄를 용서받았다. 인류는 그리스도 안에서 하나님께 돌아왔다. 이제 하나님은 그리스도를 사랑하는 사랑으로써 인류에게 다가오신다. 인류는 이미 구원받았다. 다만 각자가 그 구원을 인정하지 않을 뿐이다. 우리는 이미 은혜 가운데 있다. 우리가 이 사실을 마음에 인정하면 구원받는다.

완전한 이 세상

이 세상은 지극히 불완전한 세상이라고 한다. 그렇다! 육신의 쾌락을 얻기 위해서는 지극히 불완전한 세상이다. 그러나 하나님을 알기 위해서는, 그리고 사랑을 온전히 이루기 위해서는 이보다 더 완전한 세상을 생각할 수 없다. 인내를 연습하려 할 때, 관용을 증진하려 할 때, 그리고 사랑을 그 극치에서 맛보려 할 때 이 세상은 가장 완전한 세상이다. 나는 이 세상을 유희장으로 보지 않는다. 훈련소로 본다. 그러므로 그 불완전함을 보고 놀라지 않는다. 현세에서 나의 영성을 완성하고자 노력한다.

나라를 위한 기도

애국을 부르짖는 소리는 있는데 나라는 사랑받지 못한다. 폭력은 날로 더해 가고, 사상은 날로 위축된다. 외적(外敵)은 천리 밖에서 노리고, 내적(內敵)에게 자유의 본성(本城)을 내주었다. 하나님이여, 이 나라를 불쌍히 여기소서. 우리로 적에 대하여 강한 것처럼 자신에게 대하여 강하게 하시옵소서. 나라가 큰 것처럼 사람으로서도 크게 하시옵소서. 나라보다 당신을 더 사랑하여 참으로 나라를 사랑하게 하시옵소서. 우리들 사이에 많은 의인을 일으키셔서 이 나라의 기초를 백성의 튼튼한 양심 위에 놓게 하시옵소서. 아멘.

참 신자는 극히 적다

한 마리의 대구는 4백만 개의 알을 배지만 그중에서 제대로 자라나 완전한 대구가 되는 것은 서너 마리에 지나지 않는다. 상수리나무는 해마다 몇 섬씩의 열매를 맺지만 그중에서 제대로 자라나 다시 열매 맺게 되는 나무는 매우 드물다. 사람도 그렇지 않은가? 그리스도를 사모하여 오는 자는 많으나 그리스도를 위하여 고난 받으려는 자는 적다. 그리스도를 "주여, 주여" 하고 부르는 자는 많으나 그리스도와 함께 쓴잔을 마시려 하는 자는 적다. 신앙을 끝까지 지속하여 가시관을 쓰고 하늘나라에 들어가는 자는 극히 적다. 성경과 자연은 나의 체험을 증명해 준다. "청함을 받은 사람은 많으나 택함을 받은 사람은 적다"(마 22:14).

부패와 소망

사회는 나날이 부패하여 간다고 한다. 복음은 나날이 진보하고 있음을 안다. 낡은 것은 나날이 사라지고 있다. 새것은 나날이 돋아나고 있다. 낙엽의 가을에 청춘의 징조가 있다. 부패는 만물 소생의 징조다.

믿기 어려운 이유

복음이 만일 믿기 어렵다면, 너무 좋아서 믿기 어려운 것이다.

> 동이 서에서 먼 것처럼 그는 우리에게서 허물을 멀리 하셨다(시 103:12).

> 그리스도는 우리가 아직 죄인이었던 때에 우리를 위하여 죽으셨다. 하나님은 이로 말미암아 그 사랑을 나타내셨다(롬 5:8).

복음은 도덕처럼 "네가 자신을 깨끗하게 하라. 그러면 내가 너를 구원하리라"고 하지 않는다. "내가 이미 너를 구원하였으니, 너는 내 구원을 받으라"고 한다. 구원은 도덕의 결과가 아니다. 구원의 결과가 도덕이다. 복음이 믿기 어려운 것은 이 때문이다. 하늘이 땅보다도 높은 것처럼, 그 가르침이 사람의 모든 생각을 뛰어넘기 때문이다.

새 복음과 옛 복음

새 복음을 이제는 근세 과학이 많이 외치고 있다. 옛 복음은 말했다, 영혼을 불멸이라고. 새 복음은 말한다, 육체도 불멸이라고. 옛 복음은 말했다, 하나님은 하늘 위에 계시며 어느 때 그리스도가 되어 세상에 오셨다고. 새 복음은 말한다, 하나님은 우주에 내재하시며, 공간 어디에나 그 생명이 차 있다고. 옛 복음은 말했다, 그리스도는 세상 끝날에 다시 오시어 세상을 심판하신다고. 새 복음은 말한다, 심판은 날마다 행하여지고 있다, 불의와 정의는 쉴새없이 분화하고 있다, 그런 의미에서 그리스도는 날마다 쉴새없이 재림하고 계시다고. 옛 복음은 말했다, 진리가 성도에게 전해진 후에 하나님은 그 계시로써 다시 사람에게 임하시지 않는다고. 새 복음은 말한다, 하나님의 계시는 이제도 끊임없으며 해마다 더욱더 왕성하다, 최근의 계시는 최선의 계시다, 하나님은 해마다 더 분명히 더 깊이 자기를 인류에게 나타내고 계시다고.

이와 비슷한 새 복음은 심히 많다. 옛것은 옛것대로 귀하다. 새것은 새것대로 귀하다. 나는 새것에 접하여 옛것을 버리려 하지 않는다. 옛것에 얽매여 새것을 물리치려 하지 않는다. 둘 다 영원한 하나님께서 주시는 선물로 받아 우리의 구원을 완성하려 한다.

내가 깨끗해지는 때

사람에 대하여 생각하지 않는 때에 나의 마음은 하나님을 향하여 깨끗하다. 그때, 나는 철학자도 아니고 또 비평가도 아니며 순수한 기독교 신자다. 그때, 하늘 문은 나를 위하여 열린다. 나는 거기에 나의 구주가 아버지의 오른편에 앉아 계심을 본다. 철학과 비평은 안개와 구름을 헤치기 위하여 필요하다. 그러나 하늘나라의 열쇠는 그 손에 있지 않다. "유다 지파에서 난 사자 곧 다윗의 뿌리"(계 5:5)만이 능히 그 문을 열 수 있다.

나와 복음

나는 나다. 복음은 복음이다. 나는 천하다 해도 복음은 천하지 않다. 복음이 귀하기 때문에 나도 귀한 건 아니다. 하나님은 때로는 귀한 보물을 천한 그릇에 담으신다. 나는 남을 가르치고 나 자신이 버림받지 않기를 힘쓸 뿐이다(고전 9:27).

연구자가 유의할 것

기독교화하려고 그리스도에게 온 사람은 반드시 그를 버리게 되리라. 새로운 사상을 얻으려고, 또 넓은 교제를 하려고 그에게 온 사람도 그를 버리게 되리라. 그 죄를 속함받고, 그 영혼이 구원받으려고 그에게 온 사람만이 영원히 그와 함께 있을 수 있다. 혹은 심미적으로, 혹은 철학적으로, 혹은 사교적으로 그리스도를 찾는 사람은 마침내 그를 떠나게 되어 있다. 이른바 구도자란 사람은 이 점에 깊이 유의해야 한다.

구원은 하나님의 일
구원은 철두철미 하나님의 일이다. 사람이 관여할 수 없다.

> 은혜 가운데서 믿음으로 말미암아 너희가 구원받는다. 이는 자기로 말미암음이 아니다. 하나님의 선물이다(엡 2:8).

하나님은 은혜로 임하시고, 우리는 오직 신앙으로 이를 받아들여 구원에 이른다. 구원은 자기로 말미암는 것이 아니라 하나님의 선물이다. 구원을 체험한 사람은 누구나 다 바울의 이 한 마디 한 마디가 모두 틀림없는 사실임을 알 것이다.

그리스도와 인생
만일 하나님이 없고, 영혼이 없고, 내세가 없고, 심판이 없다면 그리스도를 믿지 않아도 별로 불행하지 않을 것이다. 그러나 만일 참으로 하나님이 있고, 내세가 있고, 죄의 심판이 있다면, 그리스도를 믿지 않는 것은 최대의 불행이다. 과학과 철학과 미술과 문학이 인생의 슬픔을 다 제거할 수 있을지 모른다. 그러나 벌거벗은 영혼이 끝 모를 심연에 처하여 자기 죄를 지고 하나님과 마주섰을 때에, 그리스도의 십자가만이 능히 그 신뢰의 바위다. 사람이 그리스도를 믿지 않으면 무사통과할 수 없는 시기가 한 번은 올 것이기 때문이다.

신앙과 애국

신앙은 하나님을 위하여 자기를 버리는 일이다. 애국은 나라를 위하여 자기를 버리는 일이다. 자기를 버리는 점에서는 신앙과 애국이 같다. 우리는 하나님을 믿는 사람으로서 나라를 사랑하지 않는 사람을 일찍이 보지 못했다. 또 참으로 나라를 사랑하는 사람으로서 하나님을 믿지 않는 사람을 알지 못한다. 사람의 애국은 그 신앙으로써 알 수 있다. 하나님의 원수, 나라의 역적은 자기 중심의 사람이다.

하나님께 택함받은 사람

"형제들아, 부름받은 너희들을 보라. 인간적으로 볼 때 지혜 있는 자도 많지 않으며, 권세 있는 자도 많지 않으며, 존귀한 자도 많지 않다. 하나님은 도리어 이 세상의 어리석은 자들을 택하셨다. 이는 지혜 있는 자들을 부끄럽게 하기 위해서다. 이 세상의 약한 자들을 택하셨다. 이는 강한 자들을 부끄럽게 하기 위해서다. 이 세상의 천한 자, 멸시받은 자, 그렇다! 아무 존재가 없는 자들을 하나님은 택하셨다. 이는 스스로 있다고 믿는 자들을 겸손하게 하기 위해서다. 이는 모든 사람이 하나님 앞에서 자랑하는 일이 없게 하기 위해서다……성경에도 자랑하는 자는 주 안에서 자랑하라고 했다"(고전 1:26 이하).

문명과 복음

문명은 선박을 주고, 기차를 주고, 비행기를 주고, 전화를 준다. 문명은 육체의 쾌락과 편리를 준다. 그러나 문명은 평화를 주지 않으며, 안심을 주지 않으며, 하늘나라를 주지 않으며, 영생을 주지 않는다. 문명은 영혼의 안전에 관하여 전혀 공헌하는 바가 없다. 문명은 좋은 것이다. 그러나 복음보다 더 좋은 것은 아니다. 문명의 찬란한 빛에 현혹되어 복음의 진리를 가볍게 여겨서는 안 된다.

행복과 십자가

인류의 행복은 학술의 발전을 요구한다. 학술의 발전은 사상의 자유를 요구한다. 사상의 자유는 정치 개혁을 요구한다. 정치 개혁은 마음의 정결을 요구한다. 마음의 정결은 영혼의 해방을 요구한다. 영혼의 해방은 그리스도의 십자가를 요구한다. 그리스도의 십자가로 말미암지 않고는 인류의 행복 역시 이 땅 위에서 기대할 수 없다.

완전한 구원

나는 이 세상에서 구원받으려 하지 않는다. 이 세상으로부터 구원받으려 한다. 이 세상은 저주받은 세상이다. 그러므로 머지않아 멸망할 세상이다. 그러므로 이 세상에서 구원받는 것은 구원받지 않은 것이나 다름없다. 성공해도 실패와 같다. 나는 저주받아 멸망할 소돔과 고모라와 같은 이 세상으로부터 구출되어 나의 구원을 온전히 하려 한다.

의롭게 하는 능력

내가 비록 전 세계의 사람을 다 신자로 만들 수 있다 하더라도 나는 의롭게 되지 않는다. 내가 비록 한 사람도 신자를 만들 수 없다 하더라도 나는 죄에게 지지 않는다. 나는 하나님의 의(義)이신 예수 그리스도를 믿음으로 말미암아 의롭게 된다. 내가 의롭게 되는 것은 나의 행위로 말미암지 않고 신앙으로 말미암는다. 내가 입으로 주 예수를 고백하고 마음으로 그를 믿으면, 나는 아무런 선한 일을 하지 않더라도 구원받는다(롬 10:9~10).

그리고 어떤가?

그대는 그대의 목적을 이루어 이 세상에서 성공했다고 한다. 돈을 좀 벌었다고 한다. 고관, 명사들의 융숭한 대우를 받았다고 한다. 이름이 좀 높아져서 사람들의 칭찬을 받았다고 한다. 그리고 어떤가? 그대와 그대의 조물주와의 관계는 어떤가? 그대의 영생의 소망은 어떤가? 하늘나라에 들어갈 자격은 어떤가? 그대의 세상 지식은 자라고, 그대의 영의 지혜는 줄어들지 않았는가? 그대의 육신은 살찌고 영혼은 여위지 않았는가? 그대는 성공했다고 한다. 그리고 어떤가? 아아, 그리고 어떤가?

의학과 신앙

시체의 해부를 기초로 하는 현대의 의학은 말한다. 죽음, 죽음, 죽음이라고. 생명의 왕을 주로 우러러보는 우리는 말한다. 삶, 삶, 삶이라고. 생명은 하늘에 차고 또 땅에 넘친다. 영에 차고 또 몸에 넘친다. "내가 온 것은 양(신자)들로 생명을 풍성히 얻게 하기 위해서다"(요 10:10)라고 주님은 말씀하셨다. 예수는 삶이 죽음을 삼켰다. 그리고 우리는 그를 믿으므로 죽음을 말하지 않고 삶을 말한다. 그렇다! 더욱 열심히 삶을 말한다.

애통

죽음은 애통할 일이다. 그러나 죽음보다 더 큰 애통거리가 있다. 신앙의 타락이 그것이다. 죽음에는 부활의 소망이 있다. 그러나 타락에는 다시 일어설 소망이 적다. 예레미야는 말했다.

> 죽은 자를 위하여 울지 말라. 그를 위하여 애통하지 말라. 잡혀간 자를 위하여 슬피 울라. 그는 다시 돌아와서 그 고국을 보지 못할 것이기에(렘 22:10).

그렇다! 죽은 자를 위하여 울지 마라. 그를 위하여 애통해하지 마라. 미혹하는 자에게 잡혀 하나님과 그리스도를 떠나간 자를 위하여 슬피 울라. 그들은 다시 돌아와서 주의 사랑과 진정한 고국을 보지 못할 것이기 때문이다.

무한과 소망

하나님의 사랑은 무한하다. 그의 때도 또한 무한하다. 무한한 사랑을 무한한 때에 걸쳐 베푼다. 어떤 선한 일인들 할 수 없겠는가. 우리는 우리의 구원에 대하여 실망할 것이 없다.

여론과 진리

세상이 당시에 선인이라고 보았던 사람은 대개는 악인이다. 세상이 당시에 악인이라고 보았던 사람은 대개는 선인이다. 하나님을 배반한 이 세상의 여론은 대개의 경우 하나님의 진리와 정반대다. 우리는 이 마음을 가지고 사람의 비판을 들으며, 신문을 보아야 한다.

두 가지 질문

예수를 멸시하여 빌라도가 물었다. "진리가 무엇이냐?"(요 18:38) 예수에게 구원받으려고 빌립보의 한 간수는 물었다. "내가 어떻게 해야 구원받겠습니까?"(행 16:30) 빌라도의 질문은 자기를 떠나 일반적이었다. 간수의 질문은 자신에 관한 것으로 개인적이었다. 구원에 이르는 질문은 언제나 개인적이며 실천적이다. 멸망에 이르는 질문은 언제나 일반적이며 사변적이다. 진리가 무엇이냐고 물어서는 진리를 알 수 없다. "내가 어떻게 해야 구원받겠습니까?"라고 물어보아야 진리는 분명히 위로부터 제시된다. 오늘의 신학생 또는 구도자로서 진리에 이르는 자가 적은 것은 그들의 대다수는 빌라도 같은 질문을 하는 자이기 때문이다.

깨뜨리는 자는 깨뜨려진다

사람이 하나님의 율법을 깨뜨린다고 한다. 그러나 하나님의 율법은 사람에게 깨뜨려지는 것이 아니다. 사람이 하나님의 율법을 깨뜨리는 것은 스스로 자신을 깨뜨리는 것이다. 마치 사람이 바위에 부딪쳐 바위를 부수는 것이 아니라, 도리어 자신이 상하는 것과 같다. 하나님의 율법은 튼튼하여 바위처럼 영원히 우뚝 솟아 있다. 참으로 감사한 일이다. 그러므로 사상의 변천은 조금도 두려워할 것이 없다. 변한 것은 사람이지 하나님이 아니다. 내가 하나님과 함께 있을 때 나는 있고 세상은 사라진다. 사람이 하나님의 율법을 깨뜨린다고 한다. 하나님은 말씀하신다. "만일 내 율법을 깨뜨리고 내 계명을 지키지 않으면, 내가 지팡이로 그들의 허물을 처벌하고 채찍으로 그 불의를 징벌하리라"(시 89:31~32). 깨뜨리는 사람이 영국 사람이건 프랑스 사람이건 미국 사람이건, 하나님은 조금도 사람을 편벽되게 보시지 않는다. 세계의 여론이라 하여 우리는 조금도 이를 두려워할 것이 없다. 우리는 다만 하나님의 율법을 따르고, 그 계명을 지킬 것이다.

말할 때

침묵할 때가 있고 말할 때가 있다. 골짜기에 오두막을 얽을 때가 있다. 산꼭대기에 성을 쌓을 때가 있다. 밀실에 틀어박힐 때가 있다. 옥상에서 외칠 때가 있다. 하나님의 말씀의 결핍 때문에 나라가 멸망 직전에 있을 때, 그때는 우리가 말할 때다. 또 길거리를 달리며 부르짖을 때다.

무력한 까닭

세상은 기독교의 영향력을 요구할 뿐 기독교 자체를 요구하지는 않는다. 그리고 기독교 신자라고 하는 사람들도 세상의 이 요구에 응하려 하여 기독교의 영향력을 말하고, 기독교 자체를 말하지는 않는다. 기독교적 정치, 기독교적 문학, 기독교적 사회, 혹은 기독교적 가정이라고 말한다. 그러나 영향력은 지엽(枝葉)이지 근본이 아니다. 말단이지 원천이 아니다. 나무를 심지는 않고 열매를 얻으려 한다. 우물을 파지는 않고 논에 물을 대려 한다. 오늘의 기독교가 남에게 영향력을 미치지 못하며 또 자기 자신도 고갈되어 있음은 기독교 그 자체를 세상에 제공하는 데 담대하지 못하기 때문이다.

초대

오라, 친구여! 와서 나와 함께 세상 구원의 사업에 종사하자. 우리가 사랑하는 이 국토는 하나님의 진리가 사라져서 죽어가고 있지 않은가? 부패와 타락이 넘쳐나건만 정의는 실종되었다. 보라, 세상을 구원할 능력이 이미 세상에 임했다. 세상 구원의 이기(利器)는 이미 인류의 손에 맡겨졌다.

친구여, 오라. 왜 주저하는가? 와서 생명의 물을 마셔라. 마시고 이를 동포에게도 나눠 주라. 어찌하여 그대들은 슬픔에 잠겨 있는가? 그대들은 낙망할 필요가 없다. 그대들은 성경이 어떠한 복음을 전하는지 읽어 보았는가? 성경엔 일찍이 보지 못하고, 일찍이 들어보지 못한 하늘로부터의 기쁜 소식이 있다. 이 소식을 들으면 우리의 눈물은 다 씻겨진다. 이것을 믿으면 우리의 슬픔은 다 사라진다. 그리스도의 복음으로 지울 수 없는 고민은 없다. 그대들은 당장 우리의 이 말을 믿을 수 없으리라. 그러나 와서 보라. 주께서 어떻게 큰 일을 우리들 가운데서 행하셨는지를 보라. 우리도 전에는 절망했었다. 그러나 이제는 소망의 사람이 되었다. 우리도 전에는 슬픔의 사람이었다. 그러나 이제는 기쁨의 사람이 되었다. 우리도 전에는 죽음을 두려워했다. 그러나 이제 죽음은 가시가 빠졌다.

우리가 지금 완전한 사람이 되었다는 뜻은 아니다. 그러나 내가 그리스도 안에 있어 죄의 세력이 꺾였고 선은 심히 행하기 쉬운 것이 되었다. 우리는 안다! 죄를 끊는 힘은 그리스도밖에 없음을. 그대들은 어서 와서 이 능력을 자신의 것으로 소유하라.

말하지 마라, 그대들은 죄로 더러워진 몸이기 때문에 거룩한 하나님의 아들이 될 수 없다고. 하나님은 그리스도를 통하여 더러움을 깨끗이 씻는 길을 마련하셨다. 와서 복음의 성결한 능력을 받아라. "너희의 죄는 진홍처럼 붉어도 눈같이 희게 되며, 주홍처럼 붉어도 양털같이 되리라"고 하나님은 말씀하셨다. 이는 시인의 꿈이 아니라 체험된 사실이다. 나도 그중의 한 사람이다. 그대들은 우리한테서 이 사실을 볼 수 있으리라. 우리는 하나님의 은혜의 증인이다.

사람을 원망하지 마라. 사회를 비난하지 마라. 와서 주님의 은혜를 받고 마음의 위로를 받으라. 아들을 꾸짖어도 부모에게 위로는 없다. 스승을 원망해도 불평은 없어지지 않는다. 세상에 대해 분개해도 불행은 사라지지 않는다. 어서 와서 하나님을 믿으라. 믿고 그 은혜를 받으라. 그러면 그대들은 사람에게서 받지 못했던 은복(恩福)을 하나님께 받게 되리라. 오라, 친구여! 와서 나와 함께 세상 구원 사업에 떨쳐나서자.

유일한 전도 방법

전도 방법을 강구하는 자는 많다. 그러나 나는 그 천박한 생각에 놀라지 않을 수 없다. 유일한 전도 방법은 복음 그대로를 확신하고, 이를 굶주린 사회에 나눠주는 데 있다. 이런 확신이 없이 전도하는 것은, 탄약도 없이 싸움터로 가는 것과 같다.

복음의 기구

나는 내게 입이 있음을 감사한다. 입으로 하나님의 복음을 전하리라. 나는 내게 손이 있음을 감사한다. 손으로 하나님의 복음을 전하리라. 나는 내게 발이 있음을 감사한다. 발로 하나님의 복음을 옮기리라. 나는 복음 전파를 위해 태어났다. 나는 복음 전파의 도구가 되리라.

세상을 구원하는 길

세상은 죄악으로 가득 차 있고 나 자신 또한 죄인이다. 죄인의 몸으로 죄악 세상을 깨끗하게 하려 한다. 이보다 더 어려운 일은 없다.

만일 내가 세상을 깨끗이 하려 한다면, 나는 불가능한 일을 하려는 자다. 나는 나 자신조차 깨끗이 할 수 없는 자다. 하물며 남이랴. 하물며 사회랴.

나는 단지 복음을 말할 수 있을 뿐. 복음으로 나 자신이 구원받아 복음으로써 세상을 구원하게 할 뿐. 나는 복음의 도구일 뿐. 그리고 복음이 세상을 구원하도록 인도할 뿐.

참된 교육자

정부의 교육인적자원부가 백 년 걸려도 할 수 없는 일을, 나는 한번의 설교로 할 수 있다. 위대한 철학자가 평생의 노력으로도 해낼 수 없는 일을, 나는 1분 동안에 할 수 있다. 저들의 강함으로 할 수 없는 일을 나의 약함으로써 할 수 있는 것은 무슨 까닭인가? 내게 그리스도의 복음이 있기 때문이다. 사람에게 숨어 있는 허물을 드러내고, 이를 없애 주는 능력이 내게 맡겨졌기 때문이다. 이것은 지위가 높다고 사람에게 부여되는 능력이 아니며, 또 학위가 있다고 학자에게 주어지는 특권이 아니다. 하나님의 아들을 믿으므로 오는 큰 능력이다. 하늘로부터 이 능력을 받은 자가 마침내 국민을 구원하며, 그들에게 최고의 지식을 주는 자다. 기독교 신자가 바로 진정한 교육자이다.

무리한 요구

하나님과 그리스도를 모르는 사람에게 많은 사랑과 선을 요구하는 것은 가난한 사람에게 거금을 요구하는 것과 같다. 그들은 이것이 없으므로 이것을 주지 못한다. 그들에게 이것을 요구하는 것은 무리다. 우리는 마땅히 그리스도에게 나타난 하나님을 그들에게 보여 주고, 그 후에 그들에게서 그리스도의 사랑을 요구해야 된다.

복음 전파의 방법

복음을 말하라. 신학을 말하지 마라. 성경을 전하라. 성경론을 전하지 마라. 그리스도와 예언자와 사도를 많이 말하라. 우리가 나서서 많이 말하지 말자. 될 수 있는 대로 성경 말씀 그대로를 많이 전하라. 그러면 성령께서 직접, 전해진 말씀을 통해 죄에 빠진 많은 영혼을 구원하실 것이다.

괴로운 일과 즐거운 일

죄를 규탄하는 고충은 바위를 향하여 부르짖는 것과 같다. 죄를 용서하는 즐거움은 애인의 귀에 속삭이는 것과 같다. "좋은 소식을 가져오며, 평화를 선포하며, 복된 좋은 소식을 가져오며, 구원을 선포하며, 시온을 향하여 이르기를 네 하나님이 다스리신다 하는 자의 산을 넘는 발이 어찌 그리 아름다운고!"(사 52:7) 정의를 외치는 자가 아니라 사죄의 복음을 전하는 나의 천직은 어찌 이다지도 즐거운가! 그런데 나는 몇 번인가 자진하여 정의를 외치고 복음을 전하지 않았었다. 유향을 버리고 사철쑥을 택했었다. 실수였다.

나의 개혁법

나는 정치를 개혁할 수 없다. 그러므로 예수 그리스도의 복음을 전한다. 나는 사회를 개혁할 수 없다. 그러므로 예수 그리스도의 복음을 외친다. 내가 외치는 복음은 마침내 사회와 국가를 근본적으로 개혁할 것이다. 나는 새 사회 기반의 가장 밑바닥 주춧돌을 놓으려고 힘쓰고 있다.

영원한 승리자

군대로 적을 넘어트린 자는 자기도 적에게 넘어지리라. 지혜를 가지고 패권을 잡은 자는 자기도 지혜자에게 넘어지리라. 다만 복음으로 세상을 이긴 자만이 영원히 이긴 자다. 복음은 전진하고 후퇴하지 않는다. 이 세상의 왕국이 변하여 하나님의 왕국이 되기까지는 그 전진을 멈추지 않는다.

유일한 사업

그리스도를 믿는 우리에게 사업이란 오직 하나뿐이다. 이는 하나님의 영광을 나타내는 전도다. 이 밖의 사업은 우리에게 모두 유희다. 도락이다. 정치도 실업도 문학도 자선도, 다 사업이라 할 것이 못 된다. 사람의 영혼을 구원하는 일, 영혼을 가진 인류로서는 이 밖의 사업은 없다. 이 사업을 제쳐두고 사라질 이 세상의 일시적 사업(이른바)에 생애를 낭비하는 사람은 참으로 가련한 자이다.

전도자가 되는 일

나는 얼마든지 정치가가 될 수 있다. 과학자, 시인, 사회 개혁자가 될 수 있다. 그러나 나는 쉽사리 기독교의 전도자가 될 수는 없다. 전도자가 되려면 나는 큰 기적을 사실로 믿지 않으면 안 된다. 이 일은 내게 큰 기적이 나타나지 않고는 될 수 없는 일이다. 하나님의 특별한 사명이 아니고는, 아무도 복음의 일꾼이 될 수 없다. 이 사명을 받은 사람은 가장 축복받은 사람이다.

나의 행운

하나님은 내게 좋은 사업을 주셨다. "나의 기업이 참으로 아름답다"(시 16:6). 나는 기쁨으로 하나님의 구원의 복음을 전하는 직업을 받았다. 우는 사람의 눈물을 씻어 주며, 만족이 없는 사람의 마음을 채워 주며, 잃고도 도리어 기뻐하는 비결을 가르치는 직업을 맡았다. 전도하는 일을 희생이라고 말하는 것은 잘못이다. 나는 왕의 자리에 앉기보다는 이 자리를 지키다가 죽고 싶다.

나의 유일한 보배

나는 정치가가 아니다. 그러므로 시국의 추이를 모른다. 나는 문학가가 아니다. 그러므로 문장 기술을 모른다. 그러나 나도 작은 기독교 신자이므로 하나님의 은혜로 나의 영혼이 구원받은 확실한 체험이 있다. 내가 세상에 기여할 수 있는 것은 다만 이것뿐. 가련한 내가 구원받은 것처럼 세상 모든 사람이 구원받기를 바랄 뿐.

완전한 직업

완전한 직업이란 남을 기쁘게 하고 자기도 기쁜 직업이라야 한다. 시가(詩歌)와 미술은 완전에 가장 가까운 직업이라고 한다. 그러나 사람에게 의지하지 않는 전도에 비하면, 이 시가와 미술도 극히 불완전하다. 가장 큰 기쁨은 복음을 전파하는 일이다. 그 시작이 기쁨이고, 그 종국이 기쁨이다. 그 방법이 기쁨이고, 그 목적이 기쁨이다. 기뻐하며 뿌리고 기뻐하며 거둔다. 일을 마친 후에 나도 또한 주의 기쁨으로 들어간다. 우리를 부러워하지 않을 자 누군가.

기쁨은 어디에서 오는가

기쁨은 이겨서 오는 것이 아니며, 또 져서 오는 것도 아니다. 기쁨은 하나님이 보내신 그 외아들을 믿음으로 온다. 그리스도의 복음은 전시에 필요하다. 또 평화시에 필요하다. 세상에 죽음과 눈물이 있는 동안은 복음이 필요하다. 그러므로 "너희는 말씀을 전파하라. 기회가 좋든지 나쁘든지 그 일을 계속하며, 끝까지 참고 가르치면서 책망하고 경고하고 권면하라"(딤후 4:2).

열매를 보고 느낀다

피는 꽃은 많으나 열매 맺는 것은 적다. 열매 맺는 것은 많으나 익는 것은 적다.

위로받으라, 내 영혼아. 너의 전도도 똑같다. 듣는 자는 많으나 믿는 자는 적다. 믿는 자는 많으나 구원받는 자는 적다. 자연의 법칙도 하나님의 뜻이다. 너는 '전도가 실패'했다면서 고민할 필요가 없다.

신앙과 전도

신앙은 생명이다. 그러므로 신앙을 지키려면 자라야 한다. 성장을 멈추면 생명은 죽는다. 전도를 그만두면 신앙은 죽는다. 자신을 깨끗하게 하려고만 하고 성장에 힘쓰지 않는 신앙은 이미 죽은 신앙이다. 전도는 신앙 지속에 필요하다. 우리가 전도를 그만두면 우리도 죽는다. 감사한다, 전도의 영역이 아직도 오히려 매우 넓은 것을. 우리는 확장할 땅이 없다고 애를 태울 필요가 없다. 우리는 새해를 맞으며 더욱 전도에 힘쓸 것이다.

나와서 일하라

왜 신앙이 나약함을 탄식하는가? 왜 집 안에 틀어박혀 심신의 초췌를 탄식하는가? 나오라, 나와서 하나님과 함께 일하라. "눈을 들어보라. 밭은 이미 추수할 때가 되었다." 세계를 하나님의 왕국으로 만들어라. 그 성화(聖化)의 사업에 참여하라. 그리고 "너의 삯을 받아 영생에 이르는 열매를 거두라." 우리의 밭은 넓은 세계다. 활동의 영역을 전 세계로 넓힐 때, 우리의 신앙은 저절로 굳세지기 마련이다. 나와서 세계 선교 사업에 가담하라. 그리하여 남을 구원하는 동시에 그대의 신앙을 굳세게 하라.

돈이 들지 않는 사업

세상에 돈이 들지 않는 큰 사업이 있다. 그것은 기독교의 전도 사업이다. 손에 성경을 들고, 마음에 믿음을 품으면 하늘에서 능력이 우리에게 내려와 우리는 이 땅에 하늘나라를 세울 수 있다. 말하지 마라, 외국 전도 기관에 힘입지 않으면 전도가 되지 않는다고. 전도는 상업이 아니며 공업도 아니다. 전도는 영으로써 영을 기르는 일이다. 우리가 그리스도 안에서 우리 동포를 구원하는 데 외국 사람의 자금은 필요없다.

인내의 일, 전도

전도는 인내의 일이다. 복음의 씨를 뿌리고 그 성장을 기다리는 일이다. 웅변이 아니다. 사교가 아니다. 학문이 아니다. 인내다. 인내로써 기다리는 일이다. "꾸준히 하노라면 거둘 때가 올 것이다"(갈 6:9). 모든 재능을 갖추고 있다 하더라도 인내가 없는 사람은 성스러운 일을 할 수가 없다.

시골 전도

"하나님은 농촌을 만들고, 악마는 도시를 만들었다." 도시는 악마의 세력이 가장 강한 곳이다. 따라서 그 추종자가 가장 많은 곳이다. 도시에 복음을 전하는 것은 모래밭에 씨를 뿌림과 같다. 복음은 농촌에 전하라. 바람은 소나무 가지로 음악을 연주하고, 시냇물은 바위에 폭포를 드리우는 곳에 전하라. 사람이 자연과 함께 있어, 자연처럼 정직하고 순박한 곳에 전하라. 성경을 신학자에게 배우기보다 차라리 들에 피는 백합과 공중에 나는 새에게 배우라. 예레미야는 시골 예언자였고, 그리스도는 시골 전도자였다. 두 사람이 때로는 도시에 올라가기도 했지만 죽을 때까지 조용한 시골을 사랑했다. 농업은 국가의 큰 기본이다. 시골은 복음의 근거지다. 허영을 추구하는 세상 사람들이 다투어 도시로 들어오는 때에, 하나님의 진리를 사랑하는 우리는 다투어 악마의 소굴을 떠나 시골에 하나님의 왕국을 건설해야 한다.

전도의 참뜻

전도는 설교하는 일이 아니다. 사랑으로 자기를 주는 일이다. 자기를 비우는 일 없이는 산을 이루는 교리, 강을 이루는 언어라도 그것으로는 한 사람도 구원할 수 없다. 빈곤, 피로, 좌절, 이는 사람을 구원하는 힘이다. 세상을 웅변으로 구원할 수 없으며, 또 논리로써 선교할 수 없다. 복음 때문에 자기의 생명을 버려야만 사람을 하나님께 인도할 수 있다.

문인과 신학자

진리는 신학자에게 배워도 좋다. 그러나 이를 전파하는 방법은 문인에게 배우라. 브라우닝, 칼라일, 휘트먼 등에게 배우라. 그들은 굳센 마음과 한 자루의 펜 이외에 의지하는 바가 없었다. 그래도 진리를 널리 세계에 전하여 만인의 마음에 기쁨을 주었다. 현대에서 옛날 예언자의 후계자는 교회의 세력을 방패삼아 높은 강단에서 외치는 설교자가 아니다. 하나님과 자기 이외에 의지할 곳이 없는 독립한 문인이었다.

전기와 전선

나는 복음이 아니라 복음의 전달자다. 전기가 아니라 전선이다. 더구나 금선(金線) 또는 은선(銀線)이 아니라 천한 동선(銅線)이다. 복음을 귀히 여기라. 나를 귀히 여기지 마라. 나를 존경하는 사람은 전기보다 전선을 귀히 여기는 어리석은 자이다.

동일한 복음

해는 바뀌었다. 그러나 나의 복음은 바뀌지 않는다. 나의 복음은 십자가의 복음이다. 속죄의 복음이다. 육체 부활의 복음이다. 나는 올해도 다음 해도 또 그 다음 해도, 그렇다! 내가 세상에 머무는 날까지 동일한 복음을 전하려 한다.

전도가 고귀한 이유

전도는 말씀을 전하는 일이 아니다. 자기를 비워 남을 채우는 일이다. 곧 자기는 죽고, 남을 살리는 일이다. 전도는 언어의 전달이 아니다. 글자의 배열이 아니다. 생명을 주고받음이다. 전도의 어려움은 이 때문이다. 그것이 고귀함도 이 때문이다.

생명의 소모

나의 눈은 성경을 읽기 위한 눈이다. 내가 이 때문에 맹인이 된들 무엇을 한탄하랴. 나의 입은 하나님의 뜻을 전하기 위한 입이다. 내가 이 때문에 벙어리가 된들 무엇을 슬퍼하랴. 그렇다! 나의 일생은 하나님을 찬미하고, 그 은혜를 찬양하기 위한 것이다. 내가 이 때문에 죽음에 들어간들 무엇을 한탄하랴. 다만 원한다! 이 귀한 생명을 하나님 이외의 것을 위하여 소모하는 일이 없기를.

성직과 직업

사도 바울이라 한다. 그러나 사도는 바울의 직업이 아니었다. 다소의 바울은 천막 직공이었다. 천막 직공이었기 때문에 그리스도의 좋은 사도였다.

구주 예수 그리스도라 한다. 그러나 예수는 스스로 구주로서 세상에 오신 것이 아니다. 요셉의 아들 예수는 아버지의 직업을 이어받은 목수였다. 목수였기 때문에 인류의 완전한 구주였다. 성직을 직업으로 여겨선 안 된다. 먼저 일반 노동자가 되지 않으면 좋은 전도자가 될 수 없다.

나무와 사람

나무를 심을 때 될 수 있는 대로 어린 나무를 택하라. 노목은 마르기 쉽다. 어린 나무는 잘 자란다. 수고만 많고 보람이 적은 것은 노목 심는 사업이다.

복음을 심을 때 될 수 있는 대로 젊은이를 택하라. 장년은 노인보다 나으며, 청년은 장년보다 나으며, 소년은 청년보다 나으며, 어린이는 소년보다 낫다. 노인은 믿기 어렵다. 장년은 버리기 쉽다. 청년은 변하기 쉽다. 소년과 어린이만이 희망이 많다.

새 술을 헌 부대에 넣지 마라. 새 생명을 늙은 사람에게 붓지 마라. 내게 소년과 어린이들을 달라. 나는 그들로 땅 위에 천국을 세우리라.

주의(主義)와 기쁨

내게 이제는 죽음으로써 지켜야 할 주의가 없다. 감사하며 전할 기쁨이 있을 뿐. 주의는 사람을 택한다. 기쁨은 사람을 택하지 않는다. 주의는 차갑고 날카롭다. 기쁨은 따스하고 즐겁다. 주의는 남을 나처럼 되게 하려 하고, 기쁨은 나를 남에게 전하려 한다. 나는 이제 남의 나쁜 일에 화내지 않는다. 그가 하나님을 떠나서 늘 인생을 허무하게 여김을 슬퍼한다. 나는 의의 태양으로부터 열기를 받아 이를 사람들에게 나누어 주려 한다. 나는 오직 복된 소식의 전달자가 되려 한다.

명확한 전도

전도란 다른 것이 아니다. 예수 그리스도를 소개하는 일, 이것이다. 그의 인격을 소개하는 일이다. 그의 사업을 소개하는 일이다. 사람들에게 예수의 모든 면을 알리는 일이다. 복음 전파란 단지 말씀을 전한다고 하는 막연한 일이 아니다. 교회 확장 등으로 정치가처럼 보이는 일이 아니다. 예수 그리스도라고 하는 명확한 인격을 명확히 소개하는 일이다. 나는 전도에 종사한다고 하면서 허공을 치는 것 같은 일에 종사하지는 않겠다.

유일한 선행

내가 처세 방법을 가르쳐 주었더니 평생에 크게 성공한 사람이 있다. 그러나 이러한 사람은 대개 일찍감치 나를 잊어버린다. 편지로써 나의 안부를 묻지 않을 뿐 아니라, 내 집 앞을 지나면서도 나를 찾아보지 않는 사람조차 있다.

내가 그리스도를 소개하였더니 그를 믿고 영혼의 구원을 얻은 사람이 있다. 이러한 사람은 여러 해가 지난 후에도 나를 잊어버리지 않고 편지로써 안부를 묻는 것은 물론, 내게서 이 세상에 속한 무슨 좋은 물건을 받은 일도 없는데 몇 번인가 선물을 보내어 나의 부족을 채워주고 오늘까지 나를 계속 사랑한다.

　나는 물론 보은을 목적으로 선을 행한 것은 아니다. 그러나 보은이라는 점에서 생각하더라도 그리스도를 소개하는 선행이 다른 선행보다 훨씬 낫다. 나는 금품으로 자선을 베풀고 후회한 일은 여러 번 있다. 그러나 그리스도를 사람에게 소개하고 후회한 일은 아직 한 번도 없다. 복음을 전하는 일은 유쾌하고, 영원히 보답받는 천하 유일의 선행이다.

생명과 전도

　전도는 의무다. 자기 자신만 구원받고 남을 구원하는 데 힘쓰지 않는 사람은 사람 된 책임을 다하지 않는 사람이다. 참으로 구원받는다는 것은 자기 혼자만 구원받는 일이 아니라 만인과 함께 구원받는 일이다. 자기 혼자만 구원받는 것은 완전한 구원이 아니다. 만인과 함께 구원받을 때, 비로소 완전히 구원받는 것이다. 전도에 힘쓰지 않는 사람은 자기 자신도 아직 완전히 구원받지 못한 사람이다.

　전도는 기쁨이다. 하나님과 사람의 평화를 도모하는 길이다. 사람과 사람의 평화를 도모하는 일이다. 전도는 평화 회복을 목적으로 하는 평화의 작업이다. 천하에 이보다 더한 기쁨은 없다.

　전도는 위로다. 남을 위로하는 동시에 또한 나 자신의 위로다.

번뇌와 고통은 묵상으로 없앨 수 있는 것이 아니다. 진정한 위로는 남을 위로하는 데서 온다. 남에게 기쁨을 안겨줄 때 나의 고통이 비로소 사라진다. 내가 남을 하나님의 아들이 되게 하고, 나도 새로이 하나님의 아들이 되는 것이다. 우리는 내 생명을 유지하기 위하여 날마다 새로 태어날 필요가 있다.

전도는 자기 자신의 갱생이다. 그리스도 안에서 복음으로 아들을 낳으면 우리의 영적 생명은 지속된다. 뿌리를 뻗고 가지를 펴고 열매를 맺지 않는 나무는 죽은 나무다. 자기의 생명을 남에게 전하지 않는 신자는 죽은 신자다.

전도는 성장의 표시이다. 성장하지 않는 것은 생명이 아니다. 자기를 남에게 전하지 않는 생명과 신앙이란 없다.

전도의 강요

나라를 위하여 전도할 수 없다. 또 사람을 위하여 전도할 수 없다. 또 하나님을 위하여 전도할 수 없다. 하나님에게 강요되어 어쩔 수 없이 전도하는 것이다.

> 내가 만일 복음을 전하지 않는다면 내게 화가 미칠 것이다. 어쩔 수 없는 일이다. 내가 좋아하는 일이다. 내가 좋아하든 싫어하든 그 임무가 내게 맡겨져 있다(고전 9:16~17).

바울은 이렇게 전도했다. 우리도 복음에 사로잡혀 복음의 포로가 되지 않고는 능히 전도할 수 없다.

성공의 때

전도의 성공을 생존 시에 바라지 마라. 죽은 뒤에 기대하라. 그리스도께서 말씀하셨다.

> 내가 만일 땅에서 높이 들려 올라가면, 나는 모든 사람을 내게로 이끌 것이다(요 12:32).

일생은 씨 뿌리는 시기에 지나지 않는다. 성숙과 수확은 그 뒤에 온다. 그러므로 땅 위에 씨를 뿌리자. 여러 날 후에 우리가 열매를 거둘 것이기 때문이다(전 11:1).

주는 행복

나는 지혜자를 가르칠 수 없다. 권력자를 위로할 수 없다. 그러나 내게도 내가 가르칠 수 있는, 또 위로할 수 있는 사람이 있다. 나의 지식은 얕고, 나의 권력은 작다. 그러나 나도 또한 받을 뿐 아니라 줄 수 있는 자임을 감사한다. 내게 오는 사람을 나는 거절하지 않는다. 그들을 거절하여 주는 기회를 잃으면, 나는 인생 최대의 행복을 빼앗기게 될 것이기 때문이다.

천하는 넓다

한 사람이 만일 나와 내 복음을 버린다면, 나는 다른 사람에게 갈 것이다. 한 지방이 만일 나와 내 복음을 버린다면, 나는 다른 지방으로 갈 뿐이다. 사람은 많고 천하는 넓다. 그리고 나의 복음은 만민에게 전할 복음이다. 내 어찌 이 사람과 저 지방에 배척받는 것에 슬퍼하랴. 예수께서 제자들에게 말씀하셨다.

> 이 도시에서 너희를 박해하거든 저 도시로 피하라. 내가 진실로 너희에게 말한다. 너희가 이스라엘의 도시를 다 다니기 전에 인자가 올 것이다(마 10:23).

나는 안다, 내가 우리나라 전국을 다 돌아다니기 전에 인자가 와서 나를 그 영광의 집으로 불러가실 것을.

물과 사람

내가 사람들에게 복음을 전할 때 때로는 강물에 대고 말하는 것처럼 느낄 때도 있다. 강은 강으로 존재한다. 그러나 그 물은 가고 다시 돌아오지 않는다. 내게 듣는 모임은 모임으로 존재한다. 그러나 그 사람은 대개 가고 다시 돌아오지 않는다. 강은 아름답다. 모임 또한 아름답다. 그러나 그 물과 사람이 구르고 굴러 가고는 다시 돌아오지 않음을 보면 나는 허전하다. 그러나 나는 사람에게 부름을 받아 전하는 것이 아니다. 또 자진하여 전하는 것도 아니다. 하나님께 보냄을 받아 전하는 자이기 때문에 나의 말은 물이 되어 흘러가버리더라도 크게 실망하지 않는다.

말하는 이유

나는 신자를 만들기 위해 전도하지 않는다. 나는 단지 나의 구원의 기쁨을 전할 뿐이다. 사람들이 내 말을 듣고 이를 받아들이지 않아도 좋다. 또 한 번 받아들이고, 두 번 버려도 좋다. 나는 내 말에 대한 사람들의 태도 여하에 따라 나의 전도를 그만두지 않는다. 물러갈 자는 물러가는 것이 좋다. 버릴 자는 버리는 것이 좋다. 그것은 그들의 마음대로다.

나는 다만 말한다. 사람들이 들어도 말하고 듣지 않아도 말한다. 내가 가진 기쁨을 말하지 않고는 견딜 수 없다. 나는 종달새가 지저귀는 것처럼 사람들이 듣고 안 듣고에 상관없이 말한다. 나는 잠잠하기에는 너무나 즐겁다. 그렇기 때문에 전한다.

나의 직책

사람을 신자로 만드는 것은 내가 할 수 있는 일이 아니다. 그러나 그에게 복음을 전하는 것은 내가 능히 할 수 있는 일이다. 나의 직책은 신자를 만드는 것이 아니다. 복음을 입증하는 것이다. 사람들이 나의 전도를 받아들여 신자가 되고 안 되고는 내가 관여할 바가 아니다.

전도의 효과

이 세상을 좋게 만들기 위한 전도가 아니다. 하나님이 그리스도로서 세상을 다스리시는 때에 대비하기 위한 전도다. 전도는 그리스도의 재림과 신자의 부활을 기다려서 비로소 보람이 나타나는 사업이다. 현세에서 전도의 효과를 거두려 하다가는 실망할 수밖에 없다.

전도자가 되라

한 나라의 전도자가 될 수 없거든 한 도의 전도자가 되라. 한 도의 전도자가 될 수 없거든 한 군 또는 한 읍, 한 마을의 전도자가 되라. 한 마을의 전도자가 될 수 없으면 한 단체 또는 한 집안의 전도자가 되라. 전도자가 되라. 전도자가 되라. 그리스도의 복음의 전파자가 되라. 이보다 더 행복한, 그리고 만족한, 그리고 필요한 일은 없다.

인격과 전도

나 자신이 사람을 구원한 예는 하나도 없다. 그러나 내가 전한 복음이 사람을 구원한 예는 많다. 따라서 알 수 있다, 사람을 구원하는 데 있어 나의 품성과 인격은 아무런 가치가 없음을. 또 알 수 있다, 복음의 능력은 그 전파자의 인격 여하에 좌우되는 것이 아님을. 문제는 진정한 복음을 아는 데 있다. 그리고 그것을 전하는 데 있다. 그리하면 우리의 인격 여하에 관계 없이 우리는 많은 사람을 구원해 내어 전도에 성공할 수 있다.

복음의 가치

그리스도의 복음에는 세상을 변화시키는 절대적인 힘이 있다고 한다. 정말 그렇다. 그 이유를 알기는 쉽다. 하나님은 이 때문에 절대적인 값을 치르셨기 때문이다. 그는 그의 외아들을 희생으로 바치셨다. 희생이 있는 곳에 변화가 있다. 희생이 없는 곳에는 변화도 없다. 변화의 크고 작음은 희생이 있고 없음과, 많고 적음에 따라 결정된다.

우리가 전하는 복음도 그렇다. 우리도 비싼 대가를 치르고 복음을 전해야만 한다. 복음을 신학교에서 배울 수는 없다. 이를 신학자에게서 얻을 수도 없다. 고난을 받아 비싼 값을 치르고서야 이를 내 것으로 삼을 수 있다. 바울이 말했다. "죽음은 우리 안에서 일하고 생명은 너희 안에서 일한다"(고후 4:12). 우리가 죽음의 고통을 맛보지 않고는 생명을 나에게 주지 않는다. 괴롭다, 전도! 존귀하다, 전도!

전도와 십자가

전도는 구원이다. 구원은 희생이다. 희생 없이는 구원이 없다. 구원이 아닌 전도는 전도가 아니다. 전도는 설교가 아니다. 또 저술이 아니다. 전도는 남을 위하여 혹은 남을 대신하여 고난 받는 일이다. 십자가를 지고 그리스도를 따른다는 것은, 단지 자기에게 임한 고난을 참는다는 것이 아니다. 남을 대신하여 그 죄를 지는 일이다. 전도는 십자가다. 희생함으로써 남을 구원하는 일이다.

간접적 노동

나는 밭을 갈지 않는다. 그러나 밭을 가는 사람에게 그리스도의 복음을 전하고, 그가 나를 대신하여 밭을 갈아주게 한다.

나는 물건을 만들지 않는다. 그러나 물건을 만드는 사람에게 하늘나라의 복음을 말하고, 그가 나를 대신하여 물건을 만들어 주게 한다.

나는 배를 운항하지 않는다. 그러나 배를 운항하는 사람에게 구주의 복음을 말하고, 그가 나를 대신하여 배를 운항하여 주게 한다.

나는 이제는 아쉽게도 노동하는 사람이 아니다. 그러나 노동하는 사람에게 그리스도의 복음을 전하고, 그가 나를 대신하여 노동하여 주게 한다. 나의 이상(理想)은 노동이다. 그런데 이제는 아쉽게도 직접 노동을 할 수가 없다. 그러므로 노동에 종사하는 나의 신앙의 친구를 통하여 간접으로 노동하고 있다.

전도의 어제와 오늘

사도행전을 읽어 보면 사도들의 전도에는 수단과 방법이란 것이 없었다. 그들은 하나님께서 인도하시는 대로 일하고, 다만 그 신앙을 전할 뿐이었다. 오늘날 교회의 전도는 이와는 전혀 다르다. 거의 전부가 사람이 만든 수단 방법이다. 방법 없는 전도와 방법뿐인 전도, 하나님께 도움을 받는 전도와 하나님을 돕는 전도, 전도의 어제와 오늘을 생각하고 나는 감개가 무량하다.

돈이 들지 않는 사업

돈은 반드시 사업을 하기 위한 필요물이 아니다. 세상에는 돈이 들지 않는 사업이 얼마든지 있다. 단테의 신곡은 기부금을 받아 쓴 것이 아니다. 그리스도와 바울이 교회를 건축하기 위하여 돈을 거두었다는 말을 듣지 못했다. 그렇다! 세상에 가장 큰, 가장 고귀한 사업은 돈이 들지 않는 사업이다. 우리는 재벌의 도움을 받지 않고도 얼마든지 큰 사업가가 될 수 있다.

위대한 일

되는 것이, 되게 하는 것보다도 좋다. 되는 것은 하나님이 하시는 것이고, 되게 하는 것은 사람이 하는 것이기 때문이다. 우리가 몸과 마음을 다 하나님께 바쳐서 우리에게는 계획이란 것이 없고, 또 우리의 행위란 것이 없게 되는 때 위대한 일은 우리로 말미암아 이루어지고, 세상은 우리를 통하여 큰 개혁을 보게 되리라.

하나님의 사업

남에게 상처를 주지 않고는 자신을 보전할 수 없는 자는 화가 있을 것이다. 남의 좌천을 기다려 자기의 승진을 도모하는 자는 화가 있을 것이다. 우리의 사업은 만인을 이롭게 하는 사업이라야 한다. 사특한 마음이 조금도 섞이지 않은 사업이라야 한다. 남을 나아가게 하고 또 자신도 나아가는 사업이라야 한다. 하나님의 사업은 바로 이런 사업이다.

이끌어 주시는 증거

하나님의 행동을 드높이기 위해서는 가급적 홍보를 적게 하고, 겉모양을 꾸미지 않고, 남의 도움과 찬조를 바라지 않도록 힘써야 한다. 하나님이 주신 친구로 만족하고, 허식으로 진리의 미(美)를 덮으려 하지 말고, 모든 일에 단순한 마음으로 임하라. 이렇게 해서 성공하면, 이는 우리가 하나님의 사업에 종사하고 있는 증거다. 우리는 이로써 하나님이 직접 우리의 손을 잡고, 우리를 세상에서 인도하고 계심을 알 수 있다.

성공의 비결(I)
무슨 일이든 분노에 복받쳐 하지 마라. 무슨 일이든 경쟁을 위하여 하지 마라. 일을 할 때 반드시 사랑에 복받쳐 하라. 하나님의 영광을 나타내기 위하여, 이웃의 고통을 덜어주기 위하여, 진리를 드높이기 위하여, 늘 기쁘고 평온한 마음으로 하라. 은총과 평강, 환희와 감사, 빼앗길 수 없는 만족, 이것 없이는 성공이 없다. 영원에 이르는 사업이 없다.

사업
뜻을 사업에 쏟으면, 사업은 되지 않는다. 눈을 하나님께 향하면, 사업은 저절로 된다. 하나님은 사업의 하나님이시다. 우리는 하나님을 믿기에 무위도식의 생애를 보내려야 보낼 수 없다.

성스러운 소망
나는 하나님의 은혜를 입어 나의 죽음과 동시에 사라져버리지 않는 사업을 하리라. 나는 현대인이 들어주지 않더라도 후세의 사람들이 들어줄 말을 하리라. 나는 나의 사업을 영원 위에 쌓아서 짧은 내 일생이 만세를 이롭게 하는 삶이 되게 하리라. 기독교 신자의 영예 중 하나는 연약하고 보잘것없는 이 몸으로 큰 희망을 품고 영원한 가치를 지닌 일을 수행할 수 있는 데 있다.

되는 일

내가 하고자 하는 일이 되는 것이 아니다. 하나님께서 나를 통하여 하고자 하시는 일만 되는 것이다. 내가 큰 일을 할 수 있을 때는 내가 의지하는 것이 하나도 없을 때다.

건전한 생각

사업의 어려움을 개의치 마라. 또 우리의 약함을 개의치 마라. 하나님의 전능하심을 생각하라. 그 은혜의 무한함을 생각하라. 그러면 사업의 어려움은 없어지고, 우리는 강한 자가 되리라.

사업과 성공

되는 일은 될 때가 되면 된다. 서두르지 마라. 두려워하지 마라. 다만 하나님을 믿고 기다리면 된다. "야웨를 기다리라. 그가 너를 구원하시리라"(잠 20:22).

성공은 일의 성취 여부가 아니라 신앙의 관철이다. "하나님을 바라는(믿는) 자는 수치를 당하지 아니하리라"(시 25:3). "끝까지 참는 자는 구원을 받으리라"(마 10:22). 나의 최대의 사업은 최후까지 나의 신앙을 지켜내는 일이다.

사람 앞에서 주를 모른다 하고, 사업의 성공만을 도모하는 자의 어리석음이여! "사람이 온 세계를 얻고도 자기 목숨을 잃으면 무엇이 유익하겠느냐"(막 8:36). 주께서 허락하시지 않는 사업은 사업이면서 사업이 아니다. 주께서 주시지 않는 성공은 성공이면서 성공이 아니다. 그리스도는 사업의 주인이다. 주께로부터 떠난 성공은 큰 실패다.

하나님께는 하나님의 사업이 있다. 사람은 다만 이에 참여하는 특권을 받았을 뿐, "그의 판단은 헤아릴 수 없으며, 그의 길은 알아낼 수 없다. 누가 주의 생각을 알았으랴. 누가 주의 상담자가 되었느냐?"(롬 11:33~34) 우리는 하나님의 상담자가 될 수 없다. 우리는 또 하나님의 사업의 보조자도 될 수 없다. 우리의 사업이란 "하나님의 일을 전파하며, 그 행하신 일을 곰곰이 생각하는"(시 64:9) 일뿐이다.

우리의 사업

우리의 사업이 아니다. 하나님의 사업이다. 하나님의 사업이기 때문에 우리에게 가장 쉬운 사업이다. 하나님이 우리의 손을 잡고, 우리의 입을 열게 하고, 우리의 발을 옮기게 하면 된다. 우리는 스스로 무엇을 할 필요가 없다. 우리는 다만 하나님을 믿기만 하면 된다. 이렇게만 하면 우리는 영웅, 위인들도 미처 하지 못한 큰 일을 해낼 수 있다. 우리는 참으로 미약하다. 하지만 위대하다.

위대한 사업

하나님을 의지하고 하는 사업은 다 위대하다. 하나님을 의지한 크롬웰의 정치는 위대한 정치이다. 하나님을 의지한 라파엘로의 그림은 위대한 그림이다. 하나님을 의지한 미켈란젤로의 조각은 위대한 조각이다. 하나님을 의지한 하이든, 베토벤의 음악은 위대한 음악이다. 하나님을 의지한 페스탈로치, 프뢰벨의 교육은 위대한 교육이다. 하나님을 의지하지 않으면 위대한 일이 생겨나지 않는다. 또 하나님을 의지하지 않으면 위대한 일을 이해할 수도 없다.

성공의 비결(II)

내가 세상을 이기고 나서 하나님께 가는 것이 아니다. 나는 하나님으로 말미암아 세상을 이긴다. 내가 의인이 되어 하나님께 용납될 것이 아니다. 나는 하나님으로 말미암아 의인이 된다. 하나님으로 말미암아 지혜자가 되고, 하나님으로 말미암아 용사가 된다. 아, 나는 이제까지 성공의 비결을 몰랐구나! 나는 생수의 근원이신 하나님을 버리고, 터진 웅덩이인 자신을 의지하였다(렘 2:13).

사업의 선택

사업의 선택을 놓고 고심하는 사람이 많다. 그러나 그것은 쓸데없는 고심이다. 무슨 사업에 종사해도 좋다. 다만 그리스도를 믿으면 된다. 사업은 우리를 깨끗하게 하지 못한다. 그리스도만이 능히 우리를 깨끗하게 하신다. 이제 성결의 사업은 세상에서 극히 보기 힘들다. 깨끗함을 사업에서 구할 것이 아니라 그리스도에게서 구하여 그로 말미암아 우리가 하는 사업을 깨끗하게 할 것이다.

사업과 위로

아무리 고상한 사업이라도 이 세상의 사업에는 위로가 없다. 사도 바울조차도 그의 전도 사업에서 그의 위로를 구하지 않았다. 위로는 하나님의 사랑에 있다. 그리스도의 속죄에 있다. 부활의 소망에 있다. 장차 올 그리스도 왕국의 영광에 있다. 이 위로가 있기에 우리가 종사하는 사업은 아무리 미천하더라도 우리는 기쁨과 만족으로 이 세상을 살아갈 수 있다.

성공과 실패

내가 해야 할 일을 하나님께서 성공하도록 축복하신다. 내가 해서는 안 될 일을 하나님께서 실패하도록 내버려 두신다. 성공과 실패, 둘 다 하나님의 뜻을 내게 전하는 복음이다. 나는 감사하며 이 둘을 다 맞으리라.

노동의 특권

그리스도를 위하여 일했다고 한다. 그렇지 않다. 그리스도를 위하여 일한 것이 아니라, 그리스도를 위하여 일할 특권을 받았다. 이는 우리에게 가장 큰 기쁨이다. 우리는 이 때문에 보수를 받을 권리가 없다. 나는 무익한 종이다. 해야 할 일을 한 것뿐이다(눅 17:10). 다만 원한다, 이 특권을 빼앗기지 않기를. 나는 비싼 대가를 치르더라도 이 특권을 꼭 쥐고 있으려 한다.

나와 노동자

나는 노동자를 부리지 않는다. 나는 그와 함께 일한다. 나는 그에게 급료를 주는 것이 아니다. 나의 남는 것으로 그의 부족을 채워준다. 나와 그는 형제다. 우리는 서로서로 도와서 땅의 개선을 도모한다.

나무와 그 열매

사업의 결과에 대하여 생각하지 않고, 그 성격에 대하여 생각한다. 이것이 독립한 사업인가, 이것이 신앙의 사업인가, 이것이 하나님이 내 안에서 하시는 사업인가. 그 성격이 깨끗하다면 그 결과는 반드시 좋고 또 클 것이다. "나무가 좋거든 그 열매도 좋다 하고 나무가 나쁘거든 그 열매도 나쁘다 하라. 그 열매로 나무를 안다"(마 12:33). 남에게 의뢰하고 지혜로써 개혁하여 큰 일을 했다고 해서 큰 일이 이루어지지는 않는다. 자신을 깨끗하게 할 때 덕을 만세에 베풀 수 있다.

일생의 사업

인생 50년 혹은 70년, 그러나 일을 이루는 것은 일순간이다. 그때 뜻을 정하여 "예"라 말하거나, 혹은 "아니"라 대답하면 해야 할 일은 결정된다. 그 이전은 모두가 준비다. 그 이후는 모두가 증명이다. 한 사람의 생애는 진리의 한 점을 지키는 데 지나지 않는다. 그 임무를 맡아 일을 잘 해내는 자는 복이 있다.

이미 이루어진 사업

나의 사업은 이미 이루어졌다. 2천 년 전에 이미 이루어졌다. 내가 해야 할 최대의 사업은 그리스도께서 이미 이루셨다. 그는 나를 대신하여 하나님과 나의 관계를 바로잡으셨다. 나는 그의 공로로 말미암아 하나님의 아들이 되었다.

이제 내가 할 일은 이 세상의 일뿐. 내가 할 수 있는 한 이 세상을 더 개선하는 일이다. 사람들의 눈물을 씻어 주는 일이다. 하나님의 선물로 주신 생애를 즐기는 일이다. 그러나 이것이 영원한 운명과 관련된 것은 아니다. 나는 이로 말미암아 구원받은 것이 아니다. 나의 구원은 그리스도가 이미 나를 대신하여 이룩하셨다. 나는 그리스도 안에서 나의 보배를 얻은 자이므로 그 밖의 물건을 얻지 못하더라도 슬퍼하지 않는다. 그러나 이미 보배를 가졌기 때문에 환희와 평화가 넘친다. 그 밖의 것들은 있어도 좋고 없어도 좋다.

성공을 기대함

성공을 기대하고 전진하라. 실패를 생각하지 마라. 모든 일의 최선을 기대하라. 최악을 예상하지 마라. 하나님이 다스리시는 이 세상에서 하나님을 믿고 일할 때, 영구한 실패는 있을 리 없다. 실패는 일시적인 현상일 뿐 영구한 사실이 아니다. "선을 행하다가 낙심하지 말라. 꾸준히 하노라면 거둘 때가 올 것이다"(갈 6:9).

사업과 비교할 수 없는 존재

나는 작은 사람이다. 그러나 사업보다는 큰 사람이다. 나의 사업은 나의 일부분에 지나지 않는다. 내 속에는 나의 평생의 사업으로써도 표현할 수 없는 것이 존재한다. 그것은 내가 남보다 뛰어나게 크기 때문이 아니다. 내가 사람이기 때문이다. 하나님의 형상대로 지음받은 그의 아들이기 때문이다.

사업과는 무관함

내가 한 사람의 신자를 만들어 내지 못한들 무슨 상관이랴. 나는 그리스도를 믿어 구원받았다. 내가 만 사람의 신자를 만들어 냈다 한들 무슨 상관이랴. 나는 그리스도를 믿어 구원받았다. 내가 구원받고 받지 못하는 것은 내 사업의 성패 여하와는 관계가 없다. 나는 한 사람의 신자를 만들어 내지 못하더라도, 만 사람의 신자를 만들어 낸 것처럼 기뻐한다. 나의 기쁨과 자랑과 만족은 나의 사업과는 전혀 무관하다.

사람의 선악

선인의 사업은 그가 죽은 후에 더욱 번영하고, 악인의 사업은 그의 죽음과 함께 망한다. 사람의 선악은 그 사업의 존재 여부로 나타난다. 심판은 하늘에서 있고 또 땅에서도 있다. 놀랍고 두려운 것은 하나님이 지으신 이 우주다.

각자의 사업

나의 사업이 있다. 또 남의 사업이 있다. 나는 나의 사업을 해야 한다. 그리고 남의 사업을 도와야 한다. 나의 사업은 물론 나의 주관과 어긋나는 것일 수 없다. 그러나 내가 돕는 남의 사업은 반드시 내 주관에 맞을 필요가 없다. 나는 그의 처지에서 보아 선하고 아름다운 사업이라면 그것을 도울 것이다. 나는 무교회주의자다. 나는 평생 교회를 세우지 않을 것이다. 그러나 나는 남이 교회를 세우려 하여 내게 도움을 청하면, 기꺼이 이에 응할 것이다. "믿음으로 하지 않는 일은 다 죄가 된다"(롬 14:23). 신자의 교회 건설은 당연한 일이며 또 찬성할 일이다.

사업과 신앙

사업이 아니다. 신앙이다. 사업을 하기 위한 신앙이 아니다. 신앙의 자연적 결과로서의 사업이다. 그렇다! 신자의 사업은 신앙이다.

사람들이 예수께 물었다. "우리가 무엇을 해야 하나님의 일을 하는 것이 됩니까?" 예수께서 대답하셨다. "하나님께서 보내신 이를 믿는 것이 곧 하나님의 일이다."

예수를 믿는 일, 그것이 신자의 유일한 사업이다. 신자가 대사업을 이룬다면 이루려 해서 이룬 것이 아니라 신앙이 맺은 자연적 결과로서 이룬 것이다. 신앙의 생애는 예수를 목표로 사는 것이다. 사업을 안중에 두지 않는다.

예수의 사업

나의 사업은 곧 예수의 사업이다. 사람의 영혼을 구원하는 일이다. 사람의 육신을 기르는 자선사업이 아니다. 그의 환경을 개선하는 사회사업이 아니다. 재정을 늘리는 것이 아니다. 사람과 하나님의 관계를 올바르게 하여 사람들을 영생으로 인도하는 일이다. 그 사업이란 사람을 모든 면에서 구원하는 사업이다. 사람은 하나님으로 말미암아 그 영혼이 구원받는다. 그 육신도 사회도 환경도 완전히 그리고 근본적으로 구원받는 것이다. 예수의 사업은 사람의 영혼을 구원하는 사업이다. 사람을 전인적으로 구원하는 사업이다.

끊임없는 노력

반드시 큰 저술을 할 필요는 없다. 작은 저술로 족하다. 나는 내가 깨달은 진리를 간단 명료한 글로 써서 이를 세상에 내놓을 것이다.

반드시 큰 일을 할 필요는 없다. 작은 일로 충분하다. 나는 하나님의 보내심을 받아 세상에 온 이상에는, 그가 지으신 이 지구를 조금이라도 좋게 해놓고 하나님께 돌아갈 것이다.

반드시 완전할 필요는 없다. 불완전해도 좋다. 나는 날마다 시간마다 내가 할 수 있는 최선을 다하여 환난과 고통이 많은 이 세상에 조금이라도 위로와 기쁨을 줄 것이다.

"네가 너를 위하여 큰 일을 경영하지 말라"(렘 45:5)고 예언자 예레미야는 그 제자 바룩에게 말했다. 큰 일만을 하려는 사람은 결국 아무것도 하지 않으며, 완전만을 구하는 사람은 아무것도 얻지 못하고 만다. 아무것도 하지 않는 것은 악한 일을 하는 것이다. 진실로 위대한 일은 작은 일에 충실한 것이다. 완전의 반면(半面)은 불완전을 견뎌내는 일이다. 크거나 작거나, 완전하거나 불완전하거나 내 손으로 감당할 일은 힘을 다하여 할 것이다(전 9:10).

인생의 기쁨과 명예

인생의 가장 큰 기쁨은 이 세상에 사는 일이다. 가장 큰 명예는 동포를 위해 봉사하는 일이다. 이 기쁨과 명예가 있는데 내가 무엇을 더 구하랴!

누구를 친구로 삼을까?

친구를 구하려거든 친구가 적은 사람을 찾으라. 친구가 많은 사람은 나의 우정이 필요하지 않을 것이고, 또한 깊은 우정을 맺지 못할 것이다. 사랑은 질투한다. 친구가 많음은 사랑이 엷은 까닭이다. 사랑이 두터우면 우정을 많은 사람들에게 나눠 주기가 힘들다.

가을의 좋은 친구

교외로 나가면 직박구리가 수풀 속에서 지저귀고, 방 안으로 돌아오면 역사책이 등불 앞에 펼쳐져 있다. 하늘은 맑고 밤은 고요하며, 자연과 역사는 함께 와서 내 마음을 점령한다. 이 좋은 벗과 친교가 있기에 나는 도무지 가을이 쓸쓸하지 않다.

안팎의 차이

세상 사람은 흥분을 잘하고 기독교 신자는 평강을 구한다. 세상 사람은 홧김에 일을 꾸미고 기독교 신자는 조용히 하나님의 음성을 기다린다. 당을 만들어 힘을 자랑하는 자는 세상 사람이다. 사람들을 떠나서 힘을 얻는 자는 하나님의 사람이다. 세상 사람과 하나님의 사람의 구별은 안과 밖의 차이다.

기쁨의 생애

얻는 기쁨이 있고, 잃는 기쁨이 있다. 태어나는 기쁨이 있고, 죽는 기쁨이 있다. 사랑받는 기쁨이 있고 미움받는 기쁨이 있다. 그리고 만일 기쁨의 성질로 말하면 잃는 기쁨은 얻는 기쁨보다 높고, 죽는 기쁨은 태어나는 기쁨보다 깨끗하고, 미움받는 기쁨은 사랑받는 기쁨보다 깊다. 하나님을 믿는다면 어떠한 처지에서나 우리에게 기쁨이 있다. 슬픔의 기쁨이 기쁨의 기쁨보다 몇 배나 낫다는 것을 알 뿐이다.

낮과 밤의 차이

세상의 밤은 우리의 낮이다. 세상의 낮은 우리의 밤이다. 우리는 남이 울 때에 노래하고, 남이 기뻐할 때에 슬퍼한다. 이는 우리가 사람들과 애락(哀樂)을 함께하지 않기 때문이 아니다. 우리가 바라는 천국은 별나라처럼 세상의 어둠을 만나지 않으면 그것을 볼 수 없기 때문이다.

기독교 신자의 생애(I)

기독교 신자의 생애는 계획하는 생애가 아니다. 명령을 기다리는 그에게는 사업의 계획이 없다. 그는 오직 하나님의 명령을 따를 뿐이다. 그러나 하나님의 명령이 일단 그에게 내리면 그 명령을 행할 힘이 임하여 그는 용사가 되고 지혜자가 되어 거뜬히 큰 일을 이룬다. 늘 무능한 그는 하나님의 명령을 받아 비로소 위인이 된다. 기독교 신자의 큰 능력과 힘의 비결은 그 자신이 아니면 아무도 모른다.

행복한 가정

행복한 가정을 갖기는 매우 쉽다. 하나님의 명령을 따라 일부

일처제를 엄격히 실행하는 데 있다. 그러면 애정은 순결해지고 짙어진다. 몇 해 안 가서 행복한 가정을 실제로 볼 수 있을 것이다. 가정의 파괴는 낭비에서 온다. 근신해야 한다.

기독교 신자의 생애(II)

기도하며 참으며 일하며 기다리는 것이다. 이것뿐이다. "주께서는 신실하시므로 너희를 강하게 하고 악한 자로부터 지켜 주신다"(살후 3:3). "오직 야웨를 앙망하는 자는 새 힘을 얻으리니 독수리의 날개치며 올라감 같을 것이요, 달음박질하여도 곤비치 아니하겠고 걸어가도 피곤치 않을 것이다"(사 40:31).

이런 생애에는 위험이 없다. 실패가 없다. "네가 장수하다가 무덤에 들어가리니 곡식단이 그 기한에 운반되어 옮겨짐같이 될 것이다"(욥 5:26).

승리의 생애

세상을 피하려 하지 마라. 세상을 이겨야 한다. 환경이 개선되기를 기도하지 마라. 마음이 바뀌기를 기도하라. 고통이 사라지기를 바라지 마라. 은총이 더하기를 바라라. 밖으로 부유해지고 흥하기를 바라지 마라. 안으로 기뻐하고 즐거워하는 자가 되라.

진보의 아들이 되라

진보의 아들이 되라. 보수의 아들이 되지 마라. 아브라함이 갈대아 땅을 떠난 것같이 부패의 소굴에서 단호히 떠나라. 예언자가 그 당시의 제도를 배척한 것처럼 부패한 제도를 단호하게 개혁하라. 그리스도가 제사장이나 학자나 바리새인 이상의 의를 요구하신 것같이 교황이나 감독이나 선교사 이상의 의를 구하라. 바울이 베드로를 면전에서 책망한 것같이 자유의 복음을 지키기 위해서 성직자나 석학을 거부할 각오를 하라. 진보의 아들이 되라. 그리하여 아브라함, 예언자, 그리스도, 바울이 걸었던 길을 걸어라.

영원한 어린이

나는 굳어지려 하지 않고 자라나고 싶다. 나는 영원히 어린이가 되고 싶다. 나는 제사장이 아니라 예언자가 되고 싶다. 신학자가 아니라 시인이 되고 싶다. 정치가가 아니라 혁명가가 되고 싶다. 나는 영원히 자유의 아들로서 하나님이 지으신 우주에 존재하고 싶다.

여름 오후

바람이 불어와서 나뭇가지가 흔들린다. 고양이는 졸고 아이들은 뛰논다. 땅은 조용하다. 나의 마음도 고요하다. 나는 이미 하늘나라에 있다.

나의 생애

나는 과거를 돌아볼 때, 실수가 많았음을 슬퍼한다. 나는 하나님을 바라보고 내 생애가 그의 섭리로 이루어졌음을 기뻐한다. "내 뜻대로가 아니라 아버지의 뜻대로 하시옵소서"(막 14:36). 작은 나의 생애지만 사람의 계획대로 된 것이 아니다.

새해와 결심

결심 또 결심, 결심을 하는 것은 결심을 않는 것과 같다. 인간은 결심을 해도 아무 일도 못 한다. 일을 이루는 것은 하나님께 있다. 오직 하나님을 의지할 뿐. 해가 바뀌어도 세월이 가도 오직 하나님만을 의지할 뿐이다.

즐거운 생애

현세도 즐겁다. 내세는 더 즐거우리다. 우리는 현세를 즐긴다. 또 내세도 즐기려 한다. 행복한 것은 그리스도 안에서 사는 우리다.

훌륭한 사람

어떤 사람은 내가 훌륭하다고 말하고 또 어떤 사람은 내가 훌륭하지 않다고 말한다. 그러나 내가 만일 훌륭하다면 나는 훌륭하지 않기 때문이다. 훌륭한 분은 하나님뿐이다. 인간은 스스로 훌륭하지 않을 때 비로소 하나님으로 말미암아 훌륭해진다.

교제와 신앙

세상 사람의 생애는 교제에 있다. 크리스천의 생애는 신앙에 있다. 교제는 늘 주위를 살피고 신앙은 늘 위를 바라본다. 교제는 번거롭다. 신앙은 단순하다. 교제는 주저하고 신앙은 곧게 나간다. 부드럽고 아름다운 것은 교제요, 꿋꿋하고 의연한 것은 신앙이다. 교제가 여성이라면 신앙은 남성이다. 나는 신앙 쪽을 선택한다.

생애의 경험

나는 내 요구를 가지고 하나님께 졸랐다. "저에게 생활의 안전을 주십시오. 그러면 제가 두려움 없이 당신을 따르겠습니다." 하나님은 나에게 "너는 내 명령을 따르라. 그러면 내가 너에게 안전을 주리라"고 대답하셨다. 나는 그의 말을 믿을 수 없었다. 그래서 나는 되풀이하여 그에게 졸랐다. 그러나 그는 그의 말을 굽히지 않고 단호하게 내게 복종을 요구하셨다.

시간이 흘러 나는 지쳤다. 나의 요구가 잘못되었음을 알았다. 그래서 마음을 고쳐먹고 "하나님, 저는 당신의 명령에 따르겠습니다. 나의 몸과 온 가족을 당신의 손에 맡기겠습니다" 하였다. 그때, 생활의 염려는 즉시 사라지고 나는 즐거운 몸이 되어 용기 있게 나의 사업에 종사하게 되었다. 그 후에 나는 결코 부족을 느껴본 적이 없고 필요한 물건은 다 나에게 제공되어 남는 것은 없어도 부자가 된 느낌이었다. 나는 하나님이 우선이고 나는 나중이라는 것과, 내가 안전해져서 하나님께 가는 것이 아니라 하나님께 가서 내가 안전해졌다는 것을 깨달았다.

처세의 길

나에게도 처세의 길이 있다. 간단하다. 살아 계신 하나님을 믿는 일이다. 그의 지도를 받는 일이다. 그의 영을 받아서 죄악 세상과 싸우는 일이다. 여기에 십자가가 있다. 골육과 친구의 반대도 있을 것이다. 그러나 그것이 도달할 곳은 명백하다. 위험한 것같이 보여도 가장 안전한 길이다. 좁기는 해도 곧다. 이 길을 찾는 데는 많은 지식이 필요 없다. 맹인이라도 잘 찾을 수 있다. 굴곡이 심한 허위의 길을 찾는 자가 많고 곧은 길을 택하는 자는 적은 것이 나는 이상하다.

튼튼한 지위

봄도 좋고, 여름도 좋고, 가을도 좋고, 겨울도 좋다. 안정도 좋고, 분투도 좋고, 성공도 좋고, 실패도 좋다. 친구도 좋고, 원수도 좋고, 삶도 좋고, 죽음도 좋다. 하나님이 나와 함께 계시므로 만물

만사 어느 하나도 나에게 좋지 않은 것이 없다. 나는 모든 시간을 즐기고 모든 환경을 기뻐한다. 참으로 "내게 줄로 재어 준 구역은 아름다운 곳에 있다. 나의 기업은 참으로 아름답다"(시 16:6).

행복과 불행

이 세상에서 가장 행복한 것은 선을 행하고 흥하지 않는 일이다. 그 다음에 행복한 것은 선을 행하고 흥하는 일이다. 셋째로 행복한 것은 악을 행하고 흥하지 않는 일이다. 그리고 가장 불행한 것은 악을 행하고 흥하는 일이다. 첫째 경우에서는 사람은 천국을 물려받을 소망이 있다. 둘째 경우에서는 그는 현세를 즐길 수 있다. 셋째 경우에서는 그는 과거의 죄를 보상할 수 있다. 그리고 마지막 경우에서는 그는 지옥에 떨어질 위험이 있다. 어쨌든 가난은 안전하고 번영은 위험하다. 우리는 전자를 싫어하고 후자를 부러워하는 일이 없어야겠다.

굶어 죽을 결심

옛적 무사에게는 배를 가를 각오가 있었다. 지금의 크리스천에게는 굶어 죽을 결심이 있어야 한다. 죽어도 도천(盜泉)의 물을 마시지 않고, 굶어도 불의의 빵을 먹지 않고, 일이 꼬이는 것을 슬퍼하지 않고, 단지 뜻이 낮음을 부끄러워해야 한다. 왜 권력의 길을 기웃거리는가? 죄인 하나를 회개시키면 그것으로 족하다.

인생의 목적

인생의 목적은 하나님을 아는 데 있다. 한 번 하나님의 사랑을 받는 것은 백 번 군왕의 총애를 받고 천 번 군중의 인망을 얻는 것보다 낫다. 한 번 하나님의 거룩한 얼굴을 뵙기 위해서는 평생을 슬픔 속에 지내도 좋다. 천국을 흘낏 보는 것으로도 백 년의 질고를 씻기에 족하다.

실패와 성공

실패는 실패가 아니다. 실패는 성공에 이르는 단계다. 꽃이 떨어져서 열매를 맺듯이, 씨가 썩어서 싹이 나듯이, 실패를 거듭하여 성공이 온다. 실패는 성공의 통로다. 온전한 것이 오기 위해서는 온전치 못한 것이 사라진다. 그러니 실패했다고 해서 왜 슬퍼하랴? 성공이 한 걸음 가까워졌음을 기뻐하고 감사하며 일해야 한다.

행복한 하루

소망으로 하루를 맞이하며 가득 쌓인 일을 착수한다. 이익이 많은 일은 아니다. 그러나 모두가 즐거운 일이다. 해야 할 선한 일은 쌓여 있고, 찾아야 할 진리는 바다처럼 넘친다. 이것을 만지고 저것을 퍼

내니 달콤하기가 꿀과 같다. 선은 선을 부르고 미는 미에 응하여 봄 뜰을 거닐며 꽃을 꺾는 것과 같다. 어떤 이는 인생을 고달프다고 말한다. 하나님과 함께 걷는 하루는 너무나 행복한 생애가 아닌가?

신앙과 실패

그리스도를 외면하는 이 세상에서 성공하였다면 그는 그리스도의 충실한 종이 아니다. 그리스도를 배반하지 않고는 이 세상에서 성공할 수 없다. 진실하게 그리스도를 믿는 사람이 이 세상에서 실패하는 것은 당연하다. 우리는 몸에 그리스도의 능욕을 지고 이 세상에서 그의 증인으로 서야 한다(히 13:13).

커다란 어린이

나는 커다란 어린이다. 아버지와 함께 노는 어린이다. 나는 그로 말미암아 살고 그로 말미암아 생각하고 그로 말미암아 행한다. 나는 있어도 없는 자다. 그러나 나의 아버지가 내 안에 계시기에 나는 참으로 있는 자다. 나는 나이가 백 살이 되어도 어린이다. 영원의 영원까지 어린이다. 감사할 일이 아닌가?

신앙적 피서

피서를 신앙적으로도 할 수 있다. 신앙적 피서야말로 가장 보람 있는 피서다. 어려운 일을 스스로 하려 하지 않고, 위에서 힘이 오기를 기다려 너끈히 할 수 있는 일을 한다. 늘 마음을 비워 하나님의 영으로 나를 채워 주시기를 기다린다. 그러면 힘이 들지 않기 때문에 더위가 내 몸에 주는 답답함을 느끼지 않는다. 악에 항거하지 않는 것처럼 더위에 항거하지 않기 때문에 더위가 나를 괴롭히지 못한다.

신앙적 피서법은 신앙적 생활법이기도 하다. 더위뿐 아니라 하나님을 믿는 우리는 동일한 방법으로 모든 압박을 피한다. 정치적 압제도 그렇게 피한다. 사회적 또는 교회적 박해도 그렇게 피한다. 가난의 고통도 그렇게 피한다. 병의 고통도 그렇게 피한다. 악에 항거하지 않는 마음만 있으면 피하지 못할 고통이 없다.

확실한 것 세 가지

인생 만사가 불안하다. 그중에서 세 가지, 태산보다 더 확실한 것이 있다. 내가 한번은 반드시 죽는다는 것, 그것이 첫째다. 그리스도가 죽음에서 부활하신 것, 그것이 둘째다. 그로 말미암아 나도 죽음에서 다시 살아날 것, 그것이 셋째다.

땅이 갈라지고 바다가 포효하고 산이 흔들려도 좋다. 이 세 가지 확실한 것이 있기에 나의 마음은 조금도 흔들리지 않는다.

생애의 결승점

삶은 아름답다. 그러나 죽음은 삶보다 더 아름답다. 삶을 위한 죽음이 아니다. 죽음을 위한 삶이다. 아름답게 죽는 이가 삶을 제대로 산 자다. 마치 경주장에서와 같이 생애의 승패도 최후의 순간에서 결정된다. 이 순간을 이기지 못하면 생애는 실패로 돌아간다. 생애의 이 결승점에서 하늘로부터 오는 특별한 힘을 받고 달려갈 길을 다 달린 사람은 복이 있다.

동지와 형제

뜻이 같은 사람은 동지다. 그러나 형제라고 말할 수는 없다. 아버지가 같아야 형제자매다. "그는 뜻을 정하고 진리의 말씀으로 우리를 낳으셨다"(약 1:18). 우리가 하나님의 자녀라야 서로 형제자매다. 동지의 관계는 깊다. 그러나 형제 관계의 깊음을 따르지 못한다. 우리는 그리스도로 말미암아 하나님의 자녀가 되어 골육보다 더 친밀한 관계가 될 수 있다.

크리스천의 새해

크리스천의 새해는 해가 바뀌어서 오는 것이 아니다. 그의 새해는 그가 그리스도를 믿었을 때에 이미 온 것이다. 그 이전은 모두 묵은해다. 그 후는 모두가 새해다.

그런즉 누구든지 그리스도 안에 있으면 새로운 피조물이다. 이전 것은 지나갔으니, 보라 새 것이 되었다(고후 5:17).
너희가 서로 거짓말을 말라. 옛 사람과 그 행위를 벗어 버리고 새 사람을 입었으니 이는 자기를 창조하신 자의 형상을 좇아 지식에까지 새롭게 하심을 받는 자다(골 3:9~10).

우리는 이 세상 사람들을 따라서 해가 바뀌었다고 새삼스레 새로워진다고는 생각지 않는다. 늘 그리스도를 통해 신생을 입어 나날이 설날을 축복하고 있다.

크리스천의 길

의복과 양식이 풍족해야 예절을 안다는 말이 있다. 그것은 진리다. 그러나 의식이 족하다고 해서 크리스천이 될 수는 없다. 하나님의 신사라고 칭하는 크리스천이 되는 데는 아름다운 집도 필요없다. 계급, 훈장 등 인간의 명예도 필요없다. 그의 몸과 소유를 모두 하나님께 바치면 누구든지 크리스천이 될 수 있다. 얻어서가 아니라, 버림으로써 그는 인류의 정화(精華)인 크리스천이 될 수 있고, 무한한 영광을 누릴 수 있다.

버리자, 버리자. 버려서 왕이 되어 그리스도와 함께 우주를 지배하고 영원히 썩지 않는 면류관을 쓰고 그와 함께 영광을 누리자.

빈부의 차

부자가 누구인가? 하나님께 많이 위탁받은 사람이다. 가난한 자는 누구인가? 하나님께 적게 위탁받은 사람이다. 자기 소유라고는 하나도 없다는 점에서는 부자나 가난한 자나 마찬가지다. 오직 가난한 자가 부자보다 나은 것은 그 책임이 가벼운 데에 있다. "많이 받은 자에게는 많이 찾을 것이요, 많이 맡은 자에게는 많이 달라 할 것이니라"(눅 12:48). 부자는 많이 맡은 자다. 그러므로 많은 요구를 받을 자다. 부자를 부러워하는 자는 누구인가? 사람은 되도록 책임이 가볍고 활동할 자유가 많은 것을 원한다.

인간의 가치

인간의 가치는 그의 '지금'의 가치다. 그의 과거의 가치가 아니다. 그가 과거에 선인이었다 해도 지금 악인이라면 그는 악인이다. 그와 마찬가지로 그가 과거에 악인이었어도 지금 선인이면 그는 선인이다. 영원한 현재이신 하나님을 믿는 우리는 인간의 과거를 물어 그의 현재의 가치를 정하지 않는다. 그의 가치는 그의 '지금'의 가치다. 우리는 그의 과거를 따져서 그의 가치를 정하지 않는다.

인생

인생은 즐겁다. 아주 즐겁다. 그러나 인생은 짧다. 아주 짧다.

짧은 이 인생은 죽음으로 끝난다. 그 속에는 죽음과 같은, 그리고 죽음보다도 더 괴로운 많은 고통이 있다.

이렇게 짧고도 괴로운 인생 뒤에, 즐겁고 한없는 생명을 얻을 수 없다면 즐거운 인생은 절대로 즐거운 것이 아니다. 영생으로 끝나지 않는 인생은 누릴 만한 가치가 없다.

실수 없는 생애 – 나의 경험

내가 해야 할 일은 모두 성공이었다. 내가 해서는 안 될 일은 모두 실패였다. 내가 해서는 안 될 일을 하려고 하면 하나님은 악인을 보내어 이를 막으시고, 혹은 병을 보내어 이를 방해하신다. 이와 반대로 내가 해야 할 일을 하려고 하면 하나님은 친구를 보내셔서 이를 밖에서 돕게 하시고 능력을 주어 안에서 보충해 주신다. 이렇게 하여 과거의 나의 생애는 그 행로가 잘못되지 않았다. 그와 같이 장래에도 나의 운명은 그의 손 안에서 그가 나를 위해 만드신 궤도를 벗어나는 일이 없을 것을 나는 믿는다.

최선의 최후

신자의 생애는 처음은 나쁘지만 끝은 좋다. 끝이 가까울수록 점점 더 좋아진다. 생명의 황혼이 가까울수록, 그는 무엇인가 마음 깊은 곳에 결실하고 있음을 느낀다. 누가 그에게 생애에서 가장 기뻤던 때는 언제인가 물으면 그는 늘 지금이라고 대답한다. 그리고 그의 최후가 최선이다. 마치 연말의 크리스마스가 그에게 가장 즐거운 시기이듯이 그의 생애의 끝이 그에게 가장 감사할 것이 많은 시기다. 그가 특별히 감사할 것은 그가 세운 생애의 계획은 모두 실패하고, 그의 계획에 어긋난 하나님의 계획이 이루어졌다는 것이다. "그러므로 나는 약함과 능욕과 궁핍과 박해와 환난을 만나는 것을 즐겁게 여긴다." 신자에게는 이런 감사가 있다.

직책 완수

그는 그고 나는 나라고 말한다. 참으로 냉담하고 몰인정한 말처럼 들린다. 마치 가인이 동생 아벨에 대해서 "모릅니다. 제가 동생을 지키는 자입니까?"라고 말한 것과 같다. 그러나 그 안에 깊은 의미가 있다. 사람에게는 각자 독특한 책임이 있다. 그는 그의 책임을 다하느라고 다른 사람을 돌볼 여유가 없다. 사람들이 무엇을 하든 안 하든, 나는 나의 직책을 다해야 한다.

베드로가 요한에 대해서 "주여, 이 사람은 어떻게 되겠습니까?" 하고 물었을 때, 주님은 "네게 그것이 무슨 상관이냐? 너는 나를 따르라"(요 21:21~22)고 하셨다. 이런 경우에 요한은 요한이고 베드로는 베드로다. 먼저 자기의 직책을 다해야 한다. 신자 각자에 대해서 주님은 말씀하신다. "너는 나를 따르라." 인생 최대의 사업은 자기의 직책을 완수하는 일이다.

보통 생애

선한 것은 모두가 보통이다. "하나님이 그 해를 악인과 선인에게 비추게 하시며 비를 의로운 자와 불의한 자에게 내리신다"(마 5:45)고 기록되어 있는 것과 같다. 해와 비는 없으면 안 되는 것, 그래서 가장 선한 것이다. 하나님은 이것을 모든 사람에게 주신다. 부자나 귀족 또는 학자가 아니면 얻지 못하는 것은 절대로 선한 것이 아니다. 누구나 쉽게 얻을 수 있는 것이 가장 가치 있는 것이다. 십자가 복음의 귀함은 이 때문이다. 얻기에 가장 쉽고 또 누구든지 얻을 수 있다. 선한 사람이나 옳은 사람이나 옳지 않은 사람이나 오직 믿음으로써 자기의 것으로 삼을 수 있다. 인생이 불공평하다고 말하는 자는 누구인가? 인생에서 가장 귀한 것은 그저 바라봄으로써 얻는다. 금과 은과 보석과 학위는 얻기 힘들기 때문에 귀하지 않다. 해와 비와 영생은 얻기가 쉽기 때문에 귀하다. 그러므로 보통의 것을 구하라. 보통 사람이 되기를 힘쓰라. 평민으로 하나님을 믿고 보통 생애를 보내는 것, 이보다 더 큰 특권이나 행복은 없다.

독립(I)

독립이란 반드시 남의 원조를 끊는다는 뜻이 아니라 자기가 가지고 있는 모든 실력을 활용한다는 말이다. 사람은 하나의 작은 우주다. 그의 안에는 거의 무한한 힘이 내재되어 있다. 이것을 모두 활용한다면 그의 소원(정당한)을 채울 수 있을 뿐만 아니라, 더 나아가서 남을 돕고도 남음이 있다. 남을 의지하고 아첨하는 것은 원래 자기의 실력을 모르는 데서 온다. 마치 중국 사람이나 한국 사람이 자기 나라의 부를 모르고 부질없이 원망하는 것과 같다. 우리 각자는 부의 원천이다. 우리는 이것을 개발하여 부족을 느끼는 일이 없어야겠다. 의존하는 것은 사람의 나약함이 아니라 죄악이다. 독립은 미덕이 아니라 엄연한 의무다.

완전한 자선

양식과 옷을 공급하고 지식을 주었다 해도 자주독립의 정신을 불어 넣지 않았다면 자선의 실효를 거두었다고 할 수 없다. 양식은 떨어지고 옷은 해어지고 학문은 슬픔의 씨앗이 되어 도리어 스스로 비관할지도 모른다. 그러나 하나님과 자기 자신을 의지할 줄 아는 사람은 땅속 천 길 깊이에서 솟구치는 샘처럼 영원히 마르지 않는다.

의존적 독립

독립이란, 하나님과 진리만을 의지하고 홀로 서는 일이다. 인간을 의지하고, 정부를 의지하고, 절·교회·회사 등을 의지하는 것, 이것은 독립이 아니다. 자기는 거지가 아니라고 여긴대서 독립을 했다고 말할 수는 없다. 천명(天命)을 기다릴 뿐 세상 사람에게서는 아무것도 기대하는 것이 없게 되어야 비로소 독립된 사람이라고 말할 수 있다.

은퇴의 기쁨

은퇴의 기쁨은 하나님과 대화하는 시간이 많아지고 사람과 대화하는 시간이 비교적 짧아지는 데 있다. 시대적 사실에 접하는 일이 적어지고 영원한 진리를 배우는 일이 많아지는 데 있다. 피상적 교제를 피하고 성실한 친구하고만 사귈 수 있는 데 있다. 이런 기쁨이 있으므로 은퇴에는 이익이 있을 뿐 손실은 없다.

행복의 샘

만족하는 사람이란 독립한 사람이다. 불평하는 사람은 남을 의지하는 사람이다. 하나님과 자기를 의지하고 살아가는 사람에게는 이 세상이 매우 즐거운 곳이다. 그런데 이 명백한 원리를 알지 못하고 남에게 혜택을 바라고 그것이 주어지지 않음을 불평하고, 늘 세상의 무정함에 분노를 터뜨리면서 우울한 세월을 보내는 사람은 참으로 어리석은 자다. 행복은 언제나 내 팔과 마음에 있다. 이것이 남의 손에서 오기를 바라면 다가오는 것은 실망과 치욕과 불평뿐이다.

의뢰와 질투

의뢰하는 자는 서로 질투한다. 이것은 필연적인 이치다. 종교가에게 질투가 많은 것은 그들에게 의뢰심이 강하기 때문이다. 그들이 만일 모두 독립적인 사람들이라면 그들은 서로 돕는 사람이 되어 관용의 모범을 세상에 보일 것이다. 신뢰는 질투를 빚어내어 그리스도의 교회를 파괴한다. 두려운 것은 이단이 아니라 의뢰심이다. 그런데 이단을 두려워하는 자는 많으나 의뢰심을 두려워하는 자는 적다. 이상한 일이다.

동맹의 위험

러시아인을 믿지 말아야 할 뿐 아니라 영국인도 믿지 말아야 한다. 프랑스인을 믿지 말아야 할 뿐 아니라 미국인도 믿지 말아야 한다. 유럽인도 미국인도 모두 똑같이 탐욕의 사람으로 죄의 자식이다. 그들 중 하나를 의지하는 것은 다른 이를 의지하듯이 위험하다. 시인 단테는 말했다. "나는 혼자서 한 당을 만들겠다." 우리는 하나님과 관계를 바로 맺어야 한다. 사람과는 동맹하지 말아야 한다. 하나님이 나와 함께 계시면 나는 혼자서 세상과 맞설 수 있다.

혼자 설 각오

우리는 그리스도의 종이 되어 혼자서 이 세상과 맞설 결심을 해야 한다. 세상은 우리 주님을 버렸다. 주님의 종인 우리도 버릴 것이다. 이 세상의 정부와 사회와 교회와 개인은 주님을 버린 것처럼 우리도 버릴 것이다. 우리도 혼자 십자가를 질 결심을 해야 한다. 친구와 친척과 제자에게 버림받고, 혼자 "엘리 엘리 라마 사박다니"를 외치면서 숨질 결심을 해야 한다(마 27장).

나의 기원

나는 시인이 되련다. 신학자는 되지 않겠다. 나는 예언자가 되련다. 제사장은 되지 않겠다. 나는 노동자가 되련다. 이른바 성직자는 되지 않겠다. 나는 자유인이 되련다. 규칙인은 되지 않겠다. 나와 내 안에 거하시는 하나님 이외에는 힘을 구하지 않으련다. 나는 하나님과 함께 홀로 서리라. 인간과 그들이 정한 제도에 의거하지 않으련다. 나는 하나님께 쓰이련다. 사람에게나 '사람을 통하여' 쓰여서는 안 된다. 나는 원시적 사람처럼 되련다. 곧 하나님의 친구가 되어 그와 함께 걸어가련다. 나는 하나님의 은혜로 그렇게 행하고 또 그렇게 되기를 바란다.

개인성의 쇠퇴

오늘날 큰 정부는 있을지 몰라도, 한 사람의 피터나 글래드스턴은 없다. 오늘날 많은 미술 학교가 있을지 모르지만, 한 사람의 라파엘이나 렘브란트는 없다. 많은 음악 학교가 있을지 모르지만, 한 사람의 헨델이나 베토벤은 없다. 많은 대학이 있을지 모르지만, 한 사람의 뉴턴이나 칸트는 없다. 지금은 집합의 시대다. 독립의 시대가 아니다. 지금은 사람들이 단체를 만들지 않으면 아무 일도 못한다. 소중히 여겨야 할 개인성이 이처럼 쇠퇴한 때는 일찍이 없었다.

자유와 독립

자유란 남에게서 아무런 속박도 받는 일 없이 내 몸을 하나님의 자유에 맡기는 일이다. 독립이란 사람을 의지하지 않고 직접 하나님과 상대하여 서는 것이다. 하나님께 쓰이기 위한 자유다. 하나님과 대면하기 위한 독립이다. 크리스천의 자유 독립이란 이런 것이다.

독립(II)

돈보다 낫고, 명예보다 낫고, 지식보다 낫고, 생명보다 낫다. 아, 너 독립이여!

아, 왕들이여, 감독들이여, 박사들이여, 당신들은 압제자다. 홀로 진리와 함께 서고, 홀로 하나님과 함께 있고, 홀로 그리스도와 함께 있기에 나는 자유롭다.

경제적 독립

사람들은 종교 사업에서 경제적 독립을 대수롭지 않게 여긴다. 절대로 그렇지 않다. 경제적 독립 없이는, 사상적 또는 신앙적 독립은 없다. 나의 고집을 세우려고 독립을 외치는 것이 아니다. 하나님에게서 거룩한 계시를 받고 이것을 사람들과 나누기 위해서 많은 고통을 참아가며 경제적으로 절대 독립을 고수할 것이다. 이것은 높고 깊은 사랑을 위한 독립이다.

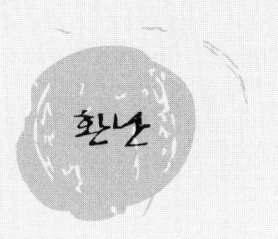

환난과 은혜
환난과 은혜를 따로 떼어서 생각하지 마라. 환난은 은혜의 일부분이다. 쓴맛이 없이는 단맛을 모른다. 환난 없이 은혜는 은혜가 되지 못한다. 음식에 양념이 필요하듯이 인생에는 환난이 필요하다. 환난이 있어야 인생은 향기가 난다.

무리한 요구
사람들이 너에게 무리한 요구를 할 때에 너는 기꺼이 응하라. 그것은 사람들이 너에게 무리한 요구를 할 때에 하나님은 은혜로 너에게 다가오고 계시기 때문이다. 기독교 신도에게 박해가 많은 것은 그에게 은혜가 많이 임했기 때문이다. 세상이 그에게서 보통 이상의 도덕을 요구하는 것은 그에게 보통 이상의 은혜가 임하기 위함이다. 원수의 소리는 하나님의 소리다. 조롱과 능욕의 소리는 이를 번역하면 은총과 사랑의 소리다. 우리는 새 마음과 더불어 새 귀를 달라고 하나님께 기도해야 한다.

수단과 목적

환난을 위한 은혜가 아니다. 은혜를 위한 환난이다. 환난은 수단이요, 은혜는 목적이다. 환난으로 시작하여 은혜로 끝난다. 하나의 환난은 백의 은혜를 가져오고, 짧은 이 환난의 세상은 영원한 은혜의 세상으로 이어진다. 우리는 늘 은혜를 생각하고, 환난은 적게 생각해야 한다. 하나님의 섭리에서 환난은 가장 작은 부분에 지나지 않는다.

가장 큰 행복(I)

괴로워하는 것은 좋은 일이다. 우리는 그것을 통해서 하나님을 알 수 있다. 하나님을 아는 것은 영생이다. 우리는 고통 없이 영생에 이르지 못한다. 그렇다면 고통보다 나은 복이 어디 있겠는가?

능력과 은혜

환난을 피하려고 하지 말라. 환난을 이기려고 하라. 혼자서 그것을 이기려고 하지 마라. 하나님이 주시는 힘으로 이기려고 하라. 하나님이 환난을 내리심은 우리에게 그의 능력과 은혜를 나타내시기 위함이다.

은혜의 통로

은혜는 직접 오는 것이 아니라 환난을 통해서 온다. 환난은 은혜를 주시기 위한 매개물이다. 연료 없이는 불이 붙을 수 없듯 환난 없이는 신앙도 기쁨도 없다. 불에 앞서는 것은 연기다. 신앙에 앞서는 것은 의문이다. 번민이다. 이것이 있어야 하늘에서 불이 내려와 비로소 하늘의 평안과 기쁨이 우리 마음에 임한다. 환난을 겪지 않고 깊은 신앙을 얻으려는 것은 연기를 내지 않고 빛과 따뜻함을 얻으려는 것만큼이나 어려운 일이다.

그러므로 하나님의 마음을 아는 우리는 환난이 오는 것을 보고 절대로 놀라서는 안 된다. 이것은 은혜의 선구자다. 이제 광명이 밀물처럼 마음에 차고 넘치기 직전에 검게 보이는 하늘의 사도가 와서 우리의 완고한 마음의 수문을 깨뜨린다. 우리는 무지하여 때로는 이런 하늘의 사도를 거부하며 그가 가져온 은혜를 거부하려 한다. 하나님의 마음을 모르는 불쌍한 사람이다.

"하나님은 부서진 마음을 좋아하신다." 먼저 부서지지 않고는 씨를 심을 수 없기 때문이다. 농부가 땅을 깊이 파면 팔수록 곡식이 잘된다. 하나님도 사람의 마음이 곱게 빻아지면 빻아질수록 하나님의 진리가 잘 성장함을 아신다.

쓰라림과 기쁨

나에게 쓰라림이 있고, 또 기쁨이 있다. 쓰라림은 육의 쓰라림이고 기쁨은 영의 기쁨이다. 영의 기쁨은 몸의 쓰라림에 비하여 훨씬 크다. 우리는 기쁨의 사람이며 쓰라림의 사람은 아니다. 그리스도 안에 있는 우리의 기쁨은 모든 쓰라림을 삼키고도 남음이 있다. 하나님은 우리의 쓰라림을 덜어 주시지는 않는다. 우리의 기쁨을 더함으로써 쓰라림을 없애 주신다.

침묵의 승리

세상을 이기려면 원수와 맞서선 안 된다. 잠자코 하나님의 명령을 기다리면 된다. 선은 자동적(自動的)이고 악은 자살적(自殺的)이다. 눈을 감고 3년이 지난 후 눈을 떠 보면 하나님의 적은 다 사라지고 흔적도 없어질 것이다.

악마에 대처하는 길

악마는 설복할 수 없다. 왜냐하면 그는 자기 외에 진리가 있다는 것을 믿지 않기 때문이다. 악마는 부정하는 자다. 거부하는 것 외에 아무 일도 하지 못하는 자다. 그러므로 그를 대하는 길은 오직 방임뿐이다. 그에게 실컷 악을 행하게 하여 그 자신이 악의 결과를 맛보도록 할 뿐이다. 그러나 세상에서 가장 나의 동정을 끄는 자는 바로 이런 상태에 빠진 자다. 우리는 특히 그들을 위해서 기도하고, 우리가 그들에게 선을 행할 수 있는 기회가 올 때까지 기다려야 한다.

현세의 가치

수단으로서는 위대한 가치가 있다. 목적으로서는 티끌만큼의 가치도 없다. 현세는 가장 좋은 학교다. 최선의 수련장이다. 그러나 영주할 집은 아니다. 조용한 휴식처도 아니다. 현세에 고통이 많은 것은 이곳이 우리가 안주할 곳이 아니기 때문이다.

하나님은 인류를 사랑한 나머지 우리에게 많은 환난과 고통을 보내주셔서 우리가 이 땅에 집착하지 않게 하신다. 하늘의 소망을 주시지 않는다면, 결코 우리는 이 땅의 생애를 견딜 수 없다.

여론과 하나님의 뜻

여론이 하나님의 소리라고 생각하는 것은 잘못이다. 하나님의 소리는 늘 여론과 반대된다. 옛날 예언자는 하나같이 여론의 반항자였다. 인류가 무엇인가? 성경에는 "야웨께서 하늘에서 인생을 굽어 살피사 지각이 있어 하나님을 찾는 자가 있는가 보신즉 다 치우쳤으며 함께 더러운 자가 되고 선을 행하는 자가 없으니 하나도 없다"(시 14:2~3)라고 하였다. 하나님을 배반하고 떠난 인류의 여론은 결코 하나님의 뜻이 아니다. 우리는 하나님의 말씀인 성경에서 그 뜻을 들어야 한다. 악인이 다수를 차지하는 사회의 여론을 따라서는 안 된다.

도난을 당한 소감

도둑을 맞았다. 나는 허를 찔렸다. 가난한 우리 집에 들어와서 내 소유를 훔쳐 갔다. 사람들은 나의 불행을 위로하고 나도 또한 손실이 아쉬웠다. 그러나 나는 자신을 반성하고 하나님의 섭리를 그지없이 감사한다. 내 영에 먼지가 쌓였을 때 하나님은 도둑을 보내셔서 내 생각이 땅에서 분리되게 하셨다. 도둑은 내 소유를 가져갔다. 그러나 나는 다시 천국을 얻었다. 하나님을 의지하니 도둑도 나를 가난하게 할 수 없다.

그리스도의 길

책망할 사람을 책망하는 것은 정의의 길이다. 그러나 남의 잘못을 자기가 떠맡는 것은 그리스도의 길이다. 기독교 신자는 의인 이상이다. 곧 남의 죄를 떠맡아 죄인으로서 하나님의 벌을 받는 자다.

행복의 비결

이 세상에서 행복하려고 하지 마라. 그러면 행복할 수 있다. 이 세상의 불행은 우리가 행복하려고 원하는 데서 온다. 이 세상에서 미움받으려고 하라. 오해받기를 원하라. 박해받기를 원하라. 그러면 우리는 행복한 자가 되어서 하나님과 함께 영원한 평화를 누릴 수 있으리라.

환난의 해석

환난은 소극적으로 해석해서는 안 된다. 적극적으로 해석해야 한다. 그것을 하나님의 형벌로 해석할 것이 아니라 하나님의 은혜로 해석해야 한다. 하나님의 분노의 나타남으로 해석할 것이 아니라 그의 사랑의 표출로 해석해야 한다. 구름기둥을 불기둥으로 해석하라. 회오리바람을 하나님의 수레바퀴로 해석하라. 환난은 육신에게는 고통이지만 영에게는 행복이다. 영의 행복으로 해석하면 모든 환난은 환난이 아니라 복이다.

환난이 이끄는 삶

환난이 만일 자기 죄의 결과라면 자기 죄를 사면받기 위해서 유익하다. 만일 남의 죄의 결과라면 남의 죄를 사면받기 위해서 유익하다. 하나님은 무익한 환난을 내리시지 않는다. 반드시 자기나 혹은 남을 구원하기 위해서 내려 주신다. 환난은 확실히 하나님의 은혜다. 환난 없이는 나나 다른 사람이 죄악을 떠나 공의의 하나님께로 돌아갈 수가 없다.

손실의 이익(I)

육으로 충족되는 것은 영으로 충만하는 길이 아니다. 영의 건전은 육의 감쇄(減殺)로 유지된다. 육이 충만하면 영은 죽는다. 그러므로 욕망은 충분히 이뤄지지 않는 편이 좋다. 천국의 문은 땅에서의 실망으로 열린다. 육에서 잃는 것만큼 영에서 얻는다. 물론 일부러 손실을 원할 필요는 없다. 그러나 늘 손실이 이익임을 알고 부족함을 감사하고 만족해야 한다(딤전 6:6).

피곤과 기쁨

내가 피곤하면 남이 쉬게 되고, 내가 상함으로 남이 고침을 받는다. 그리스도는 나를 위해서 그렇게 하셨다. 나도 또한 남을 위해서 그렇게 해야 한다. 이것이 명예요 기쁨이다. 나는 주님을 생각하면 말할 수 없는 기쁨이 넘친다.

손실의 이익(II)
친구 하나를 잃는 것은 더 좋은 다른 친구를 얻기 위함이다. 한 가지 사업에 실패함은 그보다 귀한 다른 사업에 성공하기 위함이다. 없어질 이 세상의 것을 잃는 것은, 없어지지 않는 하늘에 보물을 쌓기 위해서다. 잃는 것은 얻는 것이다. 손실이 없이는 이득이 없다. 손실은 늘 이득의 전제 조건이다. 손실이 우리에게 임할 때에 우리는 감사하며 희망으로 이를 받아들여야 한다.

고난을 환영함
남들에게 오는 것은 모두 나에게도 오라. 질병도 오라. 과중한 세금도 오라. 골육의 반역도 오라. 친구의 배반도 오라. 세상의 무자비한 비평도 오라. 사회의 냉혹한 대우도 오라. 이것은 남들에게도 모두 오는 것이다. 나에게만 오지 않을 리 있겠는가? 나 홀로 하나님의 총아로 남기를 원치 않는다. 남에게 닥쳐오는 모든 나쁜 일을 받아들여 남들과 함께 슬퍼하고 또 남들과 함께 하나님의 은혜를 바라보려고 한다. 고난은 나를 하나님께 가까이 나아가게 하고 또 남들에게 가까이 가게 한다. 고난은 나의 단독을 깨치고 나를 인류의 일원이 되게 한다. 귀하다, 고난이여!

독서와 고민

사람들은 내게 말하기를 그는 책을 많이 읽었으니 많이 이야기할 수 있다고 한다. 그러나 나는 자신에게 말한다. 나는 조금이나마 고민했기 때문에 조금은 말할 수 있다고. 눈으로 읽고 손으로 쓰기는 쉽다. 마음으로 괴로워하고 문자로 나타내기는 어렵다. 나는 깊이 하나님께 감사한다. 나도 조금은 고민했기에 조금이라도 인생의 '사실'을 말할 수 있음을.

지금의 교육

환난을 이겨낼 능력을 주지 않고, 환난을 피하는 방법을 가르치는 것이 오늘날 우리나라에서 행해지는 교육이다. 그렇게 하기 때문에 용사는 길러지지 않고 재사(才士)가 만들어진다. 두렵다! 나의 제자에게 그런 교육을 하여 그들도 또한 자주적인 영웅이 못 되고 남의 시종이 되어 생애를 보낼 것을 생각하니.

옛날과 오늘의 적

옛날의 억압은 검으로 이루어졌다. 지금의 억압은 돈으로 이루어진다. 옛날의 용사는 검을 두려워하지 않았다. 오늘의 용사는 돈을 두려워하지 말아야 한다. 옛날에는 검으로 이겨야 세상을 이길 수 있었다. 지금은 돈으로 이기지 않으면 세상을 이길 수 없다. 오늘날 크리스천의 적은 검이 아니라 돈이다. 우리는 신앙을 굳게 하여 돈이 우리 위에 군림하지 못하도록 해야 한다.

호소할 곳

어려움을 정부에 호소해도 소용없다. 왜냐하면 정부는 정부대로 큰 어려움이 있기 때문이다. 슬픔을 사회에 호소하는 것도 소용없다. 왜냐하면 사회에는 사회대로 큰 슬픔이 있기 때문이다. 어려움과 슬픔은 하나님께 호소해야 한다. 하나님께는 그것을 제거해 주고도 남는 능력이 있다. 그는 주실 뿐이고 바라지 않으신다. 그는 문책하지도 않고 아낌없이 모든 사람에게 주신다. 정부와 사회밖에 호소할 곳이 없는 사람은 불쌍하다. 그러나 피난처와 힘이 되고 환난 중에 만날 큰 도움으로서의 야웨 하나님을 섬기는 이는 복이 있다(시 46:1).

억지로 낫기를 바라지 않는다

병은 나아도 좋고 낫지 않아도 좋다. 낫는 것은 잠깐 동안 이 세상에 더 머무르는 일이다. 낫지 않는 것은 곧 그리스도께 가는 일이다. 우리는 결국 그리스도께 반드시 갈 몸이다. 그러므로 지금 가든, 후에 가든 큰 차이가 없다. 하나님이 정해 주시는 때에 이 세상을 떠나 그의 품으로 돌아가기를 빈다(빌 1:23~24).

죽음 이상의 재해

죽음은 두렵다. 그러나 가장 두려운 것은 아니다. 세상에는 죽음보다 훨씬 더 두려운 일이 많다. 하나님을 버리는 것이 그것이다. 속된 사람이 되어 버리는 것이 그것이다. 죄를 죄로 생각지 않는 것이 그것이다. 불의에 가담하는 것이 그것이다. 선을 비웃는 것이 그것이다. 이 모두가 죽음보다 훨씬 두려운 일이다. 나는 불신, 불의의 재해가 나에게 닥치기보다는 오히려 죽음이 나에게 임하기를 기도한다.

가장 큰 행복(II)

최대의 행복은 돈을 가지는 일이 아니다. 그것을 버리는 일이다. 부는 힘이 아니라 속박이다. 진정한 자유는 부를 버림으로 온다. 세상에 하나님으로 말미암은 무일푼처럼 행복한 것은 없다. 세상의 최대 다수가 이런 최대 행복을 구하지 않고 그 정반대를 좇는 것은 이상한 일이다.

낫지 않는 병

세상에는 낫지 않는 병이 많다. 그러나 이것은 의학적인 입장에서 낫지 않는 것이다. 하나님의 입장에서 낫지 않는다는 것이 아니다. 전능하신 하나님 앞에서는 낫지 않는 병이 없다. 결핵, 위암, 중풍, 그 밖의 어떠한 병이라도 그는 쉽게 고칠 수 있다. 우리는 오직 하나님의 뜻이 이루어지기를 바랄 뿐, 병이 낫지 않는 것 따위는 걱정도 안 한다.

환난이 은혜가 되다

내가 그리스도를 믿게 되기까지 내게 임한 환난은 모두가 하나님의 형벌이었다. 그러나 그리스도를 믿음과 동시에 내게 닥치는 환난은 은혜로 바뀌었다. 그 후에 내게 닥쳐온 환난은 모두가 은총으로 변했다. 그리스도는 나를 대신하여 내가 받아야 할 형벌을 그 자신이 받으셨기 때문에 그를 믿는 나에게 더 이상 형벌이 올 리가 없다. 환난은 똑같은 환난이다. 그러나 불신자에게는 형벌의 환난이고, 신자에게는 은혜의 환난이다.

환난과 신앙

환난을 만나서 그리스도께 오는 사람이 있다. 그리스도께 와서 환난을 만나는 사람이 있다. 환난과 신앙의 사이에 깊은 관계가 있는 것은 사실이다. 그러나 환난이 앞서고 신앙이 따르는 것은 낮은 신앙이다. 신앙이 앞서고 환난이 뒤따르는 것은 높은 신앙이다. 그런데 사실에 비추어 볼 때, 100 중 99까지는 환난에 쫓겨서 그것을 면하기 위한 신앙이다. 환난을 자청하는 신앙은 비 오는 밤의 별처럼 만나보기가 힘들다. 하나님이 원하시는 신앙은 환난을 벗어나기 위한 신앙이 아니라 환난을 불러일으킬 정도의 신앙임은 말할 것도 없다.

미움받고 미워하지 마라

사람들에게 미움받는 즐거움이 있다. 우리는 사람들에게 미움을 받으면 더욱 하나님께 가까이 간다.

사람들을 미워하는 괴로움이 있다. 우리가 사람을 미워하면 점점 더 하나님에게서 멀어진다.

사람들에게 미움을 받자. 사회에서, 교회에서. 그리하여 더 깊이 하나님의 사랑을 맛보자. 사람을 사랑하자. 그들의 죄를 용서하자. 그리하여 하나님께 내 모든 죄를 용서받아 점점 더 깊이 은총을 입자.

고통의 필요성

인생에 고통은 그치지 않는다. 고통은 최후까지 있다. 그러나 고통은 인생에 필요 불가결한 것이다. 고통 없이는 인생에 의미가 없다. 고통은 첫째로, 사람에게 이 세상을 싫어하게 만든다. 고통이 없으면 영혼은 티끌에 붙어 흙과 함께 사라진다.

둘째로, 고통 때문에 하늘나라를 사모하는 소망이 생긴다. 땅을 떠나서 하늘로 올라가고 싶은 욕망이 솟아난다. 고통은 영안을 밝게 한다. 이 세상의 안개를 뚫고 하늘의 본향을 투시할 시력을 준다. 고통에 의해서만 천국의 시민 자격이 주어진다.

셋째로, 고통이 아니고는 그리스도를 알지 못한다. 주님과 고통을 함께하지 않고는 주님의 기쁨으로 들어갈 수 없다. 인생에 고통보다 더 귀한 것은 없다. 크게 환영해야 할 것은 고통이다.

영생

영생이란 하나님과 함께 있는 일이다. 하늘나라는 하나님이 계시는 곳이다. 하나님의 영이 내 마음에 머무르고 내가 하나님이 지으신 우주에 산다. 나는 이미 영생을 얻어 하늘나라에 있는 사람이다.

하늘나라를 본다는 것

우리가 보려고 하는 것은 런던도 파리도 아니다. 우리는 하늘나라를 보고자 한다. 하늘나라는 쉽게 볼 수 있는 곳이 아니다. 그러나 이것이 보일 때에는 우리의 인생관과 우주관은 확 바뀐다. 그때에는 길가의 초목조차 우리를 위하여 찬미를 부른다. 그때에는 우리의 눈물은 말끔히 씻긴다. 의문은 모조리 풀린다. 이 세상은 즉시 낙원으로 바뀐다. 용기는 솟아난다. 원한은 사라진다. 한번 하늘나라를 보면 말할 수 없이 혼란스럽고 착잡하던 이 우주도 순식간에 질서 정연한, 완비된 우주로 변한다. 우리는 이 혼탁한 땅에 살면서 하나님께 기도하면 이 은혜에 참여할 수 있다.

하늘나라의 법률

성경의 도덕은 하늘나라의 법률이다. 그러므로 이것은 하늘나라에 소망을 두지 않은 사람은 지킬 수 없는 법률이다. 하늘나라의 소망을 주지 않으면서 성경의 도덕을 강요한다면 무리한 것을 강요하는 자다. 이것은 마치 부자가 내는 세금과 같은 액수의 세금을 가난한 자에게 내라는 것과 같다. 그런데 오늘의 종교가들 가운데는 이런 억지를 쓰는 사람이 적지 않다.

불공평과 내세의 소망

이 세상은 불공평하다. 그러나 이 세상이 불공평하기 때문에 우리는 장차 올 공평한 세상에 소망을 둔다. 만일 이 세상이 절대 공평하다면, 이 세상에서는 언제나 여의치 못한 처지에 있는 우리에게는 소망을 둘 곳이 없다. 내세의 소망이란 이 세상의 불공평 때문에 생기는 것이다. 그러므로 우리는 이 세상에서 불공평한 일을 당할 때 도리어 소망을 굳게 한다.

하늘나라는 가까이 왔다

복음은 길가 풀포기에 있다. 골짜기에 흐르는 시냇물에 있다. 망망한 바다의 성난 파도에 있다. 사막을 휩쓰는 바람에 있다. 백성의 이동에 있다. 나라의 충돌에 있다. 하나님은 세상의 풍운을 타고 전진하신다. 우리는 활극의 순로(順路)를 모른다. 그러나 그 결국은 반드시 하나님의 승리로 돌아갈 것을 안다. 사람의 분노도 마침내 하나님의 의를 이루게 된다. 우리는 군함이 파도를 헤치고 질주함을 보고 하늘나라가 이 땅에 더 신속히 다가오고 있음을 깨닫는다.

영생의 이해

영생은 뒤에 오는 것이 아니다. 지금 이미 있다. 영생은 하나님의 생명이다. 때와 관련이 없다. 전에 있었고, 현재 있고 그리고 미래 영겁(永劫)에까지 있다. 지금 이미 영생을 얻지 못한 사람은 미래에 가서도 얻을 수 없다. 내가 내세의 존재를 말하는 것은 그리스도에게 나타난 하나님의 생명의 영구함과 무궁함을 믿기 때문이다. 나는 사람에게 확실치 않는 내세를 말하여 그에게 선행을 권장하려고 하지 않는다. 나는 그에게 확실한 영생을 전하여 그를 이제부터 불멸의 사람이 되게 하려고 힘쓴다. 현세에서 영생을 얻어라. 내세에 가서 얻으려 하다가는 마침내 얻지 못하고 만다.

하늘나라의 건설

하늘나라는 지금 우리의 몸 밖에서 구할 수 없다. 그러나 우리의 마음속에 이를 세울 수 있다. 그리스도의 사랑으로 자유롭게 남의 죄를 용서하고, 나는 내 마음에서 미움과 분노와 원한의 뿌리를 제거하면 즉시 거기에 평화의 하늘나라를 세울 수 있다. 하늘나라는 용서가 한없이 베풀어지는 곳이다. 그리스도의 사랑으로 죄악 세상에 사는 오늘이라도 우리는 당장 우리의 마음속에 하늘나라를 건설할 수 있다.

스스로 하늘나라를

남에게 사랑을 받으려 하지 마라. 네가 먼저 사랑하라. 남이 너를 싫어해도 사랑하라. 미워해도 사랑하라. 십자가 위에서도 사랑하라. 사랑하는 것은 사랑받는 것보다 행복하다. 우리는 사랑을 받고 싶다고 해도 받지 못한다. 그러나 사랑하는 것은 우리 자유다. 우리가 자진해 사람들을 사랑하면 우리가 살 하늘나라를 스스로 만들 수 있다.

그리스도의 왕국

"세상 나라는 우리 주 예수 그리스도의 나라가 되고 그리스도가 이를 다스리실"(계 11:15) 때에는 뭍에는 군대가 사라져 나팔 소리가 울리지 않을 것이며, 바다에는 군함이 없어져 검은 연기가 하늘을 뒤덮지 않을 것이다. 산은 숲으로 울창하고, 강은 그 언덕에 넘치지 않으며, 비료는 충분히 공급되어 백성들은 흉년을 걱정하지 않을 것이다. 사람은 의식이 풍족하여 이웃을 부러워하지 않으며, 인생은 즐거워서 죽음과 무덤을 잊어버린다. 군인은 의사가 되어 병균과 싸우며, 세무서원은 순찰원이 되어 백성에게 위안을 나눠 준다. 아아, 그리운 그리스도의 왕국이여! 나는 하루빨리 그 나라가 오기를 바란다.

내세와 향상

내세의 소망은 미신이 아니다. 또 헛된 욕망도 아니다. 내세의 소망은 한없는 발전의 소망이다. 멸망하지 않을 인류가 품을 정당한 소망이다. 이 소망이 없다면 사람은 짐승과 아무런 다를 바가 없다. "사람의 혼은 위로 올라가고, 짐승의 혼은 아래로 내려간다"(전 3:21). 사람에게는 영원한 향상성이 있기에 그는 영생을 갈망한다. 그에게 내세가 없다고 말하는 것은 자살을 권하는 것과 같다. 내세의 소망을 가져야만 사람다운 사람이 될 수 있다.

나의 소원

"사람이 온 세상을 얻고도 자기 목숨을 잃으면 무엇이 유익하겠느냐?"(마 16:26) 내가 만일 세상 사람들이 말하는 성공한 사람이 되어 학문에 뛰어나고, 재산을 모으고, 지위가 높아지더라도 내 영혼을 잃으면 무엇이 유익하겠느냐? "어떻게 해서든지 죽은 자의 부활에까지 이르려는 것이다"(빌 3:11)라고 한 것은 바울의 소원이었다. 나도 또한 세상에서 아무것도 얻지 못하더라도, 또 모든 것을 잃더라도 어떻게 해서든지 장차 올 그리스도의 나라에 들어갈 수 있게 되어 그 나라의 백성이 되는 것이 소원이다.

무덤인 이 땅

땅은 인류가 사는 곳이라고 하지만 그렇지 않다. 땅은 인류의 무덤이다. 그가 살 곳은 따로 있다. 손으로 짓지 않은 영원한 집이다. 땅의 꽃은 그의 무덤을 장식하기에 좋다. 산은 그의 유해를 맡기기에 알맞다. 그러나 땅, 그것을 그가 살 곳으로 삼기에는 부적당하다. 땅을 가지고 다투는 자가 누구냐? 정치는 무덤의 정리가 아니냐? 전쟁은 무덤의 쟁탈이 아니냐? 영원한 집을 소유한 우리는 기꺼이 땅을 남에게 양보하리라(고후 5:10).

하나님 나라의 도래

세상이 전진하고 있는지 나는 모른다. 후퇴하고 있는지 나는 모른다. 평화가 오고 있는지 나는 모른다. 전쟁이 일어나고 있는지 나는 모른다. 나는 다만 한 가지는 안다. 하나님의 나라가 시시각 각으로 가까워지고 있음을. 그리고 하나님의 나라는 정치가나 군 인이나 종교가 등 인간의 노력으로 오는 것이 아님을(마 24:6 참조).

사람을 사랑하는 나라

하늘나라는 사람이 사람을 사랑하는 곳이다. 사람이 사람을 사 랑하지 않는 곳은 절대로 하늘나라가 아니다. 음악이 있든, 설교 가 있든, 열심 있는 믿음이 있든, 자선이 행하여지든 거기는 하늘 나라가 아니다. 하늘나라를 만들기란 참으로 쉽다. 나를 버리고 남을 사랑하면, 그것으로 하늘나라는 즉시 이루어진다. 특별히 무 슨 신학론을 전개할 필요는 없다. 사람이 그리스도를 본받아 사람 을 사랑하면, 그것으로 하늘나라는 이루어진다. 이렇게도 쉬운 일 을 하지 않고 이론을 말하며, 계획을 세우며, 분주히 서두는 사람 들의 어리석음이여! 나라가 임하게 하시옵소서. 우리에게 사람을 사랑하게 하시옵소서. 그리하여 오늘 당장 이 죄악의 세상에 하늘 나라가 임하게 하시옵소서.

다만 삶이 있을 뿐

예수를 의지하는 우리에게는 이생과 내세의 두 세상이 없다. 다만 영생의 세상만이 있을 뿐. "내가 살아 있고 너희도 살겠기 때문이다"라고 그는 말씀하셨다. 죽음은 이미 우리에게 없다. 우리에게는 다만 삶이 있을 뿐. 예수와 함께 있는 우리에겐 다만 삶이 있을 뿐. 찬양하고 노래할 일이 아닌가?

내세 문제

내세는 있느냐, 없느냐고 묻는다. 그렇다! 그리스도에게 구원받음으로 내세가 있는 것을 안다. 그에게 구원받기 전에는 내세가 있는 것을 모른다. "그리스도는 죽음의 권세를 멸하시고 복음을 통하여 생명과 썩지 않음을 밝히셨다"(딤후 1:10)고 한다. 그리스도는 부활이요, 한없는 생명이다(요 11:25). 그를 떠나서는 부활도 영생도 없다. 우리는 그에게서 생명을 받아 영생에 들어온 것을 안다. 내세 문제는 신앙 문제다. 그리스도를 아는 것과 동시에 내세는 명백히 깨달아진다.

예수를 의지하는 우리들

우리는 죽어도 죽을 사람이 아니다. 예수를 의지하는 우리는 우리 속에 죽지 않을 생명이 있음을 안다. 우리는 죽기 위하여 지음받은 것이 아니다. 불사불멸(不死不滅)은 인생의 특성이다. 그리고 영생과 썩지 않을 예수님이 밝히 드러내셨다(딤후 1:10).

산과 기도

내가 약한 때에는 홀로 조용한 산으로 들어가 거기에서 나의 반석이며 나의 구주이신 야웨 하나님께 기도로 아뢴다. 들어갈 때에 약했던 나는 강한 자가 되어 나온다. 위대한 산의 힘이여! 헤아릴 수 없는 기도의 효력이여! 산과 기도가 있기에 세상은 고통의 골짜기가 아니다.

내가 산을 향하여 눈을 든다. 나의 도움이 어디에 오는가? 나의 도움은 천지를 지으신 야웨로부터 온다(시 121:1~2).

유리한 거래

하나님은 인자하신 분이다. 그러므로 그는 요구하기보다 도리어 많이 주시는 분이다. 그는 하나를 주고 열을 요구하시지 않는다. 그는 열을 약속하고 하나를 요구하신다. 죄의 용서, 부활, 하늘나라, 영생, 이런 것이 하나님이 약속하시는 것이다. 이에 반하여 하나님은 잠깐인 이 세상에서의 인내와 극기와 인애를 우리에게 요구하신다. 이 같은 유리한 거래를 마다할 자 누구랴.

크리스천이 되는 일

크리스천이 되는 것은 우리가 원한다고 되는 것이 아니다. 크리스천은 하나님의 특별한 창조다. 창조되었기에 우리는 다만 하나님께 감사할 뿐이다. 우리가 스스로 노력하면 세상에서 말하는 의인이 될 수는 있다. 그러나 하나님의 의인인 크리스천이 되는 것은 인간의 힘으로는 불가능하다. 이 사실은 크리스천이 된 사람만이 알 수 있다.

하나님의 은혜

하나님은 어떤 사람에게는 돈과 지위를 주신다. 또 어떤 사람에게는 슬기와 지식을 주신다. 어떤 사람에게는 고난과 박해와 가난과 헐벗음과 쓰라림을 성령의 기쁨과 함께 주신다. 그 풍성한 은혜로 각 사람에게 알맞은 것을 주신다. 이 세상에서 불행해 보이는 우리도 또한 하나님께 깊이 감사한다.

내가 구하는 것

나는 하나님께 좋은 '물건'보다도 좋은 '마음'을 얻고 싶다. 그런데 하나님은 기도해도 좋은 '물건'을 주시지 않는 일이 있지만, 원하면 좋은 '마음'을 주시지 않는 일은 없다. 깨끗한 마음, 온유한 마음, 인자한 마음, 굶주리고 목마른 것처럼 의를 사모하는 마음, 이러한 것들은 금은 보석, 땅, 주택보다 몇 갑절 더 좋은 선물이다. 하나님께 이런 좋은 선물을 받았으므로 하나님의 존재를 의심할 수 없다.

가장 행복한 때

하나님은 물건을 주시고, 지식을 주시지 않을 때가 있다. 또 물건과 지식은 주시고, 신앙을 주시지 않을 때가 있다. 그런데 내가 가장 행복한 때는 물건과 지식에 부족을 느끼고 신앙이 차고 넘치는 때다.

나는 하늘의 영광을 바라보며, 소망의 기쁨 가운데서 살기 위하여 어두운 밤 같은 환경을 사랑한다.

안식일

의무의 날이 아니다. 감사의 날이다. 은혜 받은 날이다. 하나님께서 오늘까지 우리에게 베푸신 모든 좋은 일을 기억하라고 주신 날이다. 우리는 이 날을 기억하고 기뻐한다. 우리는 이러한 하나님이 영원히 우리를 버리시지 않을 것을 믿고 힘을 얻는다. 안식일은 일을 중시하는 날이 아니다. 전진을 위하여 새로운 활력을 충분히 공급받는 날이다. 기쁨과 소망과 기도의 날이다.

은혜와 책임

우리에게 내리는 하나님의 은혜에는 책임이 따른다. 큰 은혜에는 무거운 책임이 따르고, 작은 은혜에는 가벼운 책임이 따른다. 큰 은혜를 사모하는가? 큰 책임을 지라. 책임은 안 지면서 은혜만 받으려 하는 것은 하나님을 속이는 것이다. "자기를 속이지 말라. 하나님은 조롱받으실 분이 아니다"(갈 6:7). 어떤 지혜자라도 책임을 뿌리치고 하나님의 은혜만을 훔칠 수는 없다.

최대의 선물

온 세계가 아니다. 깊은 지식이 아니다. 높은 도덕이 아니다. 장수(長壽)가 아니다. 성령이다. 하나님을 아는 지혜다. 죽음을 이기는 능력이다. 하나님은 이 최대의 선물을 그리스도를 통해 우리에게 주셨다.

착한 마음의 은사

좋은 환경 속에 있다고 착한 사람이 되는 것은 아니다. 착한 마음을 받아서 착한 사람이 되는 것이다. 사람은 착한 마음을 만들지 못한다. 그러므로 좋은 환경을 만들어 착한 사람이 되려고 한다. 사회주의도 그렇고, 기독교도 그렇다. 그러나 그것은 다 쓸데없는 노력이다. 바벨탑을 쌓아 하늘에 닿으려고 하는 것과 같다. 우리는 그 어리석음을 본받지 말고, 직접 하나님께 가서 직접 착한 마음을 은사로 받아야 한다.

은혜의 값

하나님은 사람에게 값없이 은혜를 주신다. 그러나 사람은 값을 치르지 않고 그 은혜를 내 것으로 삼을 수 없다. 많이 치르는 자는 많이 받고, 적게 치르는 자는 적게 받는다. 부자는 그 소유의 만분의 일을 바쳐서 은혜의 만분의 일을 받으며, 가난한 과부는 그 가진 것 전부를 바쳐서 은혜의 전부를 받았다(눅 21:1~2). 이것은 하나님이 인색하시기 때문이 아니라 우주의 법칙이기 때문이다. 복음을 부끄러워하는 자는 일평생 복음을 들어도 복음의 은혜를 받지 못한다. 복음을 위하여 목숨을 바치는 사람이라야 비로소 복음의 은혜를 전부 누릴 수 있다. "하나님은 결코 조롱받으실 분이 아니다"(갈 6:7). 많이 치르는 자는 많이 받고, 적게 치르는 자는 적게 받는다. 하나님을 원망할 것이 아니라 자기 자신을 책망하라. 자기가 얻으려고 하지 않았기 때문에 얻을 수 없음을 인정하라.

행복한 가정

남편이 있고, 아내가 있고, 그 사이에 난 아들 한 명이 있다. 가을 저녁 조용한 때에 이 세 사람은 등불을 중심으로 둘러앉아 고개를 숙여 하나님께 기도드린다. 행복한 가정이다. 그때 주께서는 그들 가운데 나타나 말씀하신다. "두세 사람이 내 이름으로 모인 곳에는 내가 반드시 그 가운데 있을 것이다." 무엇이 이보다 더 신성하랴. 이런 가정이 있으면 임금의 궁전이 부럽지 않다(마태복음 18장 20절에 대한 알렉산드리아 클레멘트의 주해를 참고함).

행복으로 들어가는 길

더 큰 희생을 하여 더 큰 행복으로 들어가련다. 행복은 물건을 얻는 데 있지 않다. 물건을 버리는 데 있다. 우리는 내가 소유한 가장 큰 물건을 버림으로써 가장 큰 행복으로 들어갈 수 있다. 행복으로 들어가는 길은 쉽다. 감사한 일이다.

최대 행복(I)

이 세상에서 가장 행복한 사람은 누구인가? 나라에서 높은 지위와 훈장의 영예를 받은 사람인가? 혹은 세상에서 부귀를 자랑하는 사람인가? 혹은 나라에 큰 경륜을 베풀어 백성의 갈채를 받는 사람인가? 훌륭한 학자인가? 훌륭한 박사인가? 훌륭한 감독인가?

아니다. 아니다. 결코 그렇지 않다. 이 세상에서 가장 행복한 사람은 예수 그리스도를 안 사람이다. 그를 하나님의 아들, 인류의 왕으로 우러러볼 수 있는 사람이다. 십자가의 굴욕을 최대의 영예로 인정하는 사람이다. 예수를 친구로 삼는 것보다 더 큰 명예는 없다. 예수를 스승으로 모시는 것보다 더 큰 행복은 없다. 예수를 왕으로 섬기는 것보다 더 큰 기쁨은 없다. 예수를 영혼의 감독으로 모시는 것보다 더 큰 안심은 없다. 세상에서 가장 큰 행복을 얻는 것은 어렵지 않다. 가장 겸손하고 가장 온유한 나사렛 사람 예수를 가장 큰 사람으로 받아들이는 일이다.

나를 지키는 이

나를 지키는 것은 군대가 아니다. 법률이 아니다. 사회의 여론이 아니다. 교회의 동정이 아니다. 나를 지키는 이는 야웨 하나님이시다. 그는 성령으로 나의 마음을 지키신다. 그는 그 사랑을 내 친구에게 내리셔서 그들에게 나를 돕게 하신다. 그는 내 원수의 계획을 깨뜨려 그들이 내게 해를 끼치지 못하게 하신다. 그가 나를 지키시므로 나는 안전하다. 세상은 비록 무정부 상태가 되더라도, 사회의 제재가 풀려 악인이 제멋대로 날뛰더라도 그분이 나를 지키시므로 나는 안전하다.

모른다, 안다

나는 어떻게 하면 내 사업을 계속할 수 있을지 모른다. 나는 어떻게 하면 내 자녀를 잘 교육할 수 있는지 모른다. 나는 내가 늙은 후에 어떻게 살아갈 수 있을지 모른다. 나는 물론 언제 어떻게 죽을지를 모른다. 또 내 자손들이 어떻게 되어갈지도 모른다. 그러나 나는 안다, 나의 전 생애가 그의 은혜 가운데 있음을. 모든 것이 합력하여 선을 이룬다는 것을. 나와 내가 사랑하는 자를 영원히 그가 기억하고 계시다는 것을. 나는 이것들을 알기 때문에 나의 장래를 모르더라도 걱정없다. 모든 일을 그분께 맡기고 행복만을 기대하면서 산다.

선한 일

나를 그리스도께 가까이 가게 하는 것은 내게 다 좋은 일이다. 가난도 질병도 고독도 박해도, 아니, 죽음까지도 다 이런 의미에서 좋은 일이다. 내가 그분을 믿는 한 내게 좋지 않은 것은 하나도 없다. 참으로 행복한 사람은 나다.

건강 이상의 행복

생명과 건강은 큰 은혜다. 그러나 죽음을 이기는 능력은 더욱 큰 은혜다. 우리가 기도해도 건강을 회복하지 못할 수가 있다. 그러나 하나님은 우리가 기도하는 것 이상으로 우리에게 죽음을 이기는 능력을 주실 것이다. 누구나 한 번은 반드시 죽어야 한다. 그리고 반드시 죽어야 할 우리에게 죽음을 이기는 능력을 주시는 것은 하나님의 최대의 은혜다. 다행한 것은 그리스도로 말미암아 죽음을 이기는 일이다.

최대 행복(II)

가장 행복한 것은 하나님에게서 좋은 물건을 받는 일이 아니다. 하나님께 좋은 물건을 드리는 일이다. 주는 것이 받는 것보다 복이 있다는 말은 하나님께 대해서도 진리다. 우리의 모든 소유뿐만 아니라 우리의 생명까지 바치는 때에 가장 행복하다. 하나님이 우리에게 주시는 최대의 은혜는 우리 자신을 그에게 바치고자 하는 그 마음이다. 내 것이 하나도 없을 때에 우리는 가장 큰 행복에 이른다.

승리의 길

자진하여 하나님의 일을 도와 드릴 필요가 없다. 물러앉아 조용히 그의 명령이 내리기를 기다리라. 하나님은 우주 제일의 명장이시다. 그의 작전 계획엔 한 치의 오산도 없다. 그는 때를 정하고 기회를 만들어 우리를 싸우게 하신다. 우리는 다만 우리에게 주어진 무기가 녹슬지 않도록 노력하면 된다. 화약에 습기가 차지 않도록 주의하라. 그리고 하나님이 명령하시면 즉시 출동하여 진두에 서라. 그때 우리의 창으로써 거꾸러뜨리지 못할 적은 없다. 승리는 꼬리를 물고 우리에게 닥칠 것이다. 그때 우리의 다섯은 백을 쫓고, 우리의 백은 만을 쫓을 것이다(레 26:8). 참으로 사도 요한의 말과 같다.

> 세상을 이기는 이김은 우리의 믿음이다(요일 5:4).

행 · 불행

남자도 행복하고 여자도 행복하다. 기혼자도 행복하고 미혼자도 행복하다. 주인도 행복하고 종도 행복하다. 부자도 행복하며 가난한 자도 행복하다. 귀족도 행복하며 평민도 행복하다. 그리스도를 믿는 모든 사람은 행복하다. 그러나 그를 믿지 않는 사람은 다 불행하다. 사람의 행 · 불행은 그 사람의 환경에 달려 있지 않다. 지위에 달려 있지 않다. 소유에 달려 있지 않다. 신앙에 달려 있다. 하나님이 보내신 그 독생자에 대하여 그가 취하는 태도에 달려 있다. 세상의 행복을 추구하는 이는 '여기'에 이것을 탐구해야 한다.

간단한 기독교

기독교는 지극히 간단하여 한 마디로 말할 수 있다. "사람의 신앙으로 하나님의 은혜를 받는 일이다." 이것은 어린아이라도 이해할 수 있다. 아니, 어린아이가 아니면 이해할 수 없다. 어떤 영국 선교사가 말했다. 현대 일본인은 도저히 기독교를 이해하지 못한다. 그 이유는 기독교가 일본에 들어온 지 겨우 50년*이기 때문이라고. 그러나 기독교를 이해하는 데 오랜 연구는 필요 없다. 은혜나 신앙을 이해하는 데 1년 또는 1개월 또는 하루도 필요하지 않다. 단 한 시간이면 충분하다. 아니다! 한순간에 이를 이해할 수 있다.

---

* 2010년은 일본에 기독교가 들어간 지 150년 되는 해이다 —옮긴이

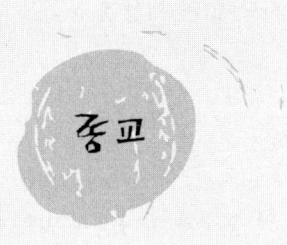

종교를 믿는 이유

내가 종교를 믿는 것은, 하늘나라 또는 극락에 가기 위해서가 아니다. 내가 종교를 믿는 것은, 사람다운 사람이 되기 위해서다. 만일 하늘을 대하여, 나 자신을 대하여, 남을 대하여 부끄럽지 않은 사람일 수 있다면 나는 아침에 도를 듣고 저녁에 죽어도 좋다. 그렇다! 지옥에 떨어져 영원한 형벌을 받아도 좋다.

종교와 정치

이제는 종교를 떠나 정치에 들어갈 때가 아니다. 이제는 정치를 떠나 종교에 들어올 때다. 정치는 힘의 응용이며, 종교는 그 힘의 원천이다. 만일 샘을 파는 사람이 마시는 사람보다 위대하다고 하면, 종교는 정치보다 더 세상에 공적을 쌓는 것이라고 말할 수 있다.

평민의 종교

기독교는 귀족의 종교가 아니라 평민의 종교다. 부자의 종교가 아니라 가난한 자의 종교다. 학자의 종교가 아니라 무식한 자의 종교다. 성직자의 종교가 아니라 평신도의 종교다. 기독교로 인해 사회는 거꾸로 된다. 곧 높은 자는 낮은 자가 되고, 귀한 자는 천한 자가 되고, 슬기로운 자는 미련한 자가 되는 것이다. 기독교가 나타남으로 사회의 큰 혁명을 기대할 만하다.

국가적 종교

기독교는 정치를 말하지 않는다. 그러나 위대한 국가는 기독교 위에 건설되었다. 기독교는 미술을 가르치지 않는다. 그러나 장엄한 그림과 조각품들은 기독교에서 나왔다. 기독교는 철학을 논하지 않는다. 그러나 진리의 탐구를 촉구하는 데는 기독교 말고는 없다. 만일 평가하는 데 있어 외형으로 하지 않고 실상으로 한다면, 세상에 기독교보다 더 나은 국가적 종교는 없을 것이며 또 기독교보다 더 나은 미술과 과학의 장려자는 없을 것이다.

도덕과 종교

도덕은 자기를 살핀다. 종교는 자기를 버린다. 도덕은 자기를 의지하고, 종교는 다른 대상을 섬긴다. 스스로 깨끗하게 하려는 것은 도덕이다. 하나님에 의하여 깨끗하게 되려는 것은 종교다. 도덕은 교만으로 끝나기 쉽다. 종교는 태만으로 흐르기 쉽다. 바위처럼 차갑고 굳은 것은 도덕이다. 꽃처럼 부드럽고 아름다운 것은 종교다. 바위는 구슬이 되어 부서지리라. 그러나 꽃은 열매를 맺어 세상을 이롭게 하며 천만 년에 이르리라.

완전한 종교

기독교는 완전한 도덕이라고 하는 사람이 있다. 맞다. 그러나 그것 이상이다. 기독교는 완전한 도덕임과 동시에 이에 이르는 길을 보여 주며, 이를 행하는 힘까지 제공한다. 만일 기독교가 완전한 도덕뿐이라면 그것은 가장 무자비한 종교다. 왜냐하면 도덕은 완전할수록 그만큼 지키기가 어렵기 때문이다. 기독교는 완전한 도덕을 넘어 완전한 힘을 제공한다. 기독교의 실력은 그 선언에 어울린다. 그러므로 우리는 기독교가 완전한 종교라고 말한다.

흥망의 인과(因果)

경제의 배후에 정치가 있다. 정치의 배후에 사회가 있다. 사회의 배후에 도덕이 있다. 도덕의 배후에 종교가 있다. 종교는 처음이고, 경제는 나중이다. 종교의 결과는 마침내 경제에 나타난다. 흥함이 그렇다. 망함도 그렇다. 끝을 보면 근본을 알기가 쉽다. 또 근원을 알면 끝을 예측할 수 있다.

종교와 철학

하나님을 하나님 자신의 입장에서 보는 것이 종교다. 하나님을 물건과 사람의 입장에서 보는 것이 철학이다. 우러러보면 종교가 있고 굽어보면 철학이 있다. 하나님을 하늘에서 보고, 또 땅에서 찾는다. 우리는 어느 곳에 서든지 야웨 하나님을 보리라.

인생의 가장 큰 일

우리는 이 세계가 마침내 어떻게 될지를 모른다. 그러나 우리는, 하나님은 그를 사랑하는 사람에게 성령을 주시어 그 아들로 삼으시는 것을 안다. 인생의 가장 큰 일은 정치가 아니다. 또 군사가 아니다. 인생의 가장 큰 일은 종교다. 곧 변천하는 세상에 사는 동안에 변천하지 않는 세상으로 들어갈 준비를 하는 일이다. 우리는 이 세계가 멸망하고 있는 동안에 하나님의 아들이 되어 영생을 물려받을 수 있다.

회의는 누구에게

농부, 나무꾼, 직공, 정직한 상인들에게는 회의가 없다. 회의는 학생, 사제, 문인들 가운데 있다. 곧 손으로 직접 자연물을 만지는 일이 없이 대개 집 안에 틀어박혀 우주와 인생에 관하여 사색하는 데만 골똘한 사람들 가운데 있다. 회의는 사상을 과식한 데서 오는 뇌수의 체증이다. 그러므로 이것을 고치는 방법은 의문을 풀어주는 데 있는 것이 아니라, 앉아서 먹고 지내는 이 가련한 사람들이 골똘한 사색을 그만두고 손으로 노동을 하는 데 있다. 나는 책상 앞에서 종교 문제로 고민하는 이른바 회의자란 사람들에게 조금도 동정할 마음이 없다.

사회주의와 기독교

사회주의는 육의 일이다. 기독교는 영의 일이다. 사회주의는 땅의 일이다. 기독교는 하늘의 일이다. 내가 배고프니 먹을 것을 달라, 이것이 사회주의다. "사슴이 시냇물을 찾기에 갈급하듯이 내 영혼이 주를 찾기에 갈급하다"(시 42:1). 이것이 기독교다. 둘 사이에는 하늘과 땅의 차이가 있다. 우리는 이 둘을 혼동하면 안 된다.

기독교란 무엇인가?

기독교란 이런 것이다. 즉 신앙으로 말미암아 그리스도의 의를 내 의로 삼으며, 그리스도의 공적을 내 공적으로 하며, 그리고 그리스도가 아버지에게서 받은 은혜를 내 몸에 받는 일이다. 그리스도, 그리스도, 그리스도야말로 기독교 신자의 심령적 우주다. 우리는 그를 의지하여 살며, 움직이며, 존재한다(행 17:28). 그를 떠나서 우리는 아무 일도 할 수 없다. 우리는 그의 일부분이다. 어떤 의미에서는 그 자신이다.

나의 기독교

하나님이 내 안에서 일하신다. 이것이 나의 기독교다. 나는 의롭지 않으며, 나는 깨끗하지 않으며, 나는 능력이 없다. 하나님은 그 정의로, 그 성결로, 그 능력으로 내 안에서 일하신다. 강한 하나님이 약한 내게 나타나신 것, 이것이 나의 기독교다. 나의 기독교는 이것밖에 없다.

진짜 기독교 신자

빛이 어둠에 비치지만 어둠이 이를 깨닫지 못하였다(요 1:5).
그가 자기 땅에 오셨으나, 자기 백성들이 그를 영접하지 않았다 (요 1:11).
어린양은 창세 때부터 죽임을 당하셨다(계 13:8).

이로써 알 수 있다. 세상에 이해되고, 용납되는 사람은 그리스도의 종이 아님을. 기독교 신자의 진짜와 가짜를 이렇게 나눌 수 있다. 곧 세상에서 인망이 있는 사람은 가짜 신자다. 세상과 늘 싸우며, 영원히 세상과 화목할 수 없는 사람은 진짜 신자. 기독교 신자의 진짜와 가짜는 쉽게 가려낼 수 있다.

사회주의

기독교와 비슷하면서 사실은 가장 거리가 먼 것이 오늘 우리나라에서 외치고 있는 사회주의다. 사회주의는 성경이 말하는 '불법의 이상한 힘'(살후 2:7)이다. 여기에는 경건이 없다. 순종이 없다. 평화가 없다. 이는 다만 불평과 파괴의 정신이다. 이는 종이 주인을 배반하게 하고, 아들이 어버이를 배반하게 하고, 아우가 형을 배반하게 하고, 제자가 스승을 배반하게 하는 정신이다. 다시 말하면 반역의 정신이다. 절대적으로 복종을 거절하게 하는 악마의 정신이다. 나는 오랫동안 참다못해 이렇게 단언을 한다.

의의 종교

기독교는 사랑의 종교라고 한다. 맞다! 그리고 의의 종교다. 사랑은 정이다. 그러므로 변하는 일이 있다. 그러나 의는 주의(主義)다. 그러므로 태산처럼 움직이지 않는다. 의가 따르지 않으면 사랑은 사랑이 아니다. 우리가 때로는 사랑이 아닐 수가 있다. 그러나 어떤 경우에라도 의가 아니면 안 된다. 의는 종교의 기둥이며 또 그 주춧돌이다. 엄정한 의를 떠나서는 강건한 종교가 없다.

여러 가지 기독교

기독교가 있고, 또 다른 기독교가 있다. 교회를 세우려 하는 기독교가 있고, 육신의 병을 치료받는 기독교가 있고, 사회를 개혁하는 기독교가 있고, 세상에 권력을 휘둘러 보려는 기독교가 있다. 그리고 또 자기의 죄를 뉘우침으로 영혼을 구원받고자 하는 기독교가 있다. 이름은 똑같이 기독교다. 그러나 실상은 천 가지, 만 가지다. 우리는 실상을 보고 따라야 한다. 이름을 보고 좇으면 안 된다. 기독교의 이름은, 이제는 일치 협동의 본보기로 삼을 수 없다.

죽은 물고기들

전쟁이 일어나면 열심히 전쟁을 찬양하고, 평화가 성립되면 곧 평화협회를 만든다. 이것이 오늘의 기독교 신자가 하는 일이다. "산 물고기는 흐르는 물을 거슬러 오르고, 죽은 물고기는 흐르는 물결 따라 흘러간다"는 말이 있다. 일찍이 한 번도 세상을 거스른 일이 없고 늘 그 조류를 따라 왕래하는 우리나라 오늘의 기독교 신자는 죽은 물고기들이 아니고 무엇인가?

기독교의 특징

기독교는 좋은 군인을 만들지 않을 것이다. 그러나 기독교는 좋은 농민과 근로자를 만든다. 기독교는 좋은 궁전을 만들지 않을 것이다. 그러나 기독교는 좋은 가정을 만든다. 기독교는 밖으로 발전하는 데는 좋지 않을 것이다. 그러나 기독교는 내부를 굳히는 데는 좋다. 기독교는 특히 평화의 종교다. 이웃을 사랑하고 가족과 화목하며, 조용히 인생을 즐기게 하는 종교다.

기독교의 극치

"그리스도는 지금도 살아서 우리와 함께 계신다." 기독교의 극치는 이것이다. 그리스도가 단지 역사적 인물이라면, 기독교의 윤리가 아무리 아름답고 그 교리가 아무리 깊더라도 그 모든 것은 헛되고 헛되다. 그리스도가 지금도 살아 계신 분이 아니라면, 오늘 당장 기독교를 버려도 좋다. 기독교의 존재 여부는 오직 그리스도가 현재 살아 계시다는 한 가지 사실에 달려 있다.

우주의 무용지물

첫째로 귀한 것은 신앙이다. 둘째로 귀한 것은 지식이다. 셋째로 귀한 것은 노동이다. 만일 신앙이 없으면 지식이 있어야 한다. 만일 지식이 없으면 노동이 있어야 한다. 신앙도 없고, 지식도 없고, 노동도 없으면 사람은 우주의 무용지물이다. 그런데 세상의 이른바 종교가란 대개 이런 사람들이 아닌가? 그들에겐 노동이 없다. 그들은 다른 사람 덕분에 먹고 산다. 그들에겐 지식이 없다. 그들은 말로만 한 몫 본다. 그들에겐 신앙이 없다. 그들은 교권을 휘두를 뿐. 주께서는 그들에 대하여 말씀하실 것이다. "이것을 찍어 버리라. 무엇 때문에 땅까지 허비하느냐"(눅 13:7).

나의 종교

하나님을 사랑하고 사람을 사랑하는 일, 나의 예배는 이것이다. 나의 신앙은 이것이다. 나의 봉사는 이것이다. 이것을 제외하면 내게 종교란 없다. 교회가 무엇인가? 의식이 무엇인가? 교리가 무엇인가? 신학이 무엇인가? 만일 내게 사랑이 없다면 나는 무신(無神)의 무리다. 이단의 두목이다. 입과 펜으로 나의 신앙을 고백한다고 해도 나는 신자가 아니다. 나는 사랑하는 만큼, 그만큼만 신자다. 나의 사랑 이상으로 나의 신앙은 없다. 또 나의 사랑 이하로 나의 종교란 것도 없다.

우리의 교회

만일 우리에게 교회가 있다고 하면 그것은 우리의 가정이다. 우리의 서재다. 우리의 사무실이다. 우리의 정원이다. 우리의 공장이다. 우리의 가게다. 우리는 여기서 하나님을 섬기며, 찬송하며, 그분께 영광을 돌린다. 우리에겐 특별히 신성한 곳이 없다. 우리가 앉는 곳, 서는 곳, 모두가 신성하다. 하나님은 거기서 우리에게 나타나 말씀하신다. "네가 선 곳은 거룩한 땅이다"(출 3:5)라고. 우리는 그때에 모세와 같이 거기서 신발을 벗고, 거기서 우리 하나님을 예배하며 귀한 계시를 받는다.

이기주의 신앙

그리스도에게 위로를 받으려는 사람은 많으나 그를 위로하려는 사람은 적다. 하나님을 부리려는 사람은 많으나 그를 섬기려는 사람은 적다. 수천 명의 남녀가 그리스도에게 와서 빵과 물고기로 배불린 일이 있는 데 반하여, 다만 한 여인이 향유를 담은 옥합을 가지고 와서 그것을 그의 발에 부은 일이 있었을 뿐. 바울이 빌립보 사람에게 써보낸 편지에 이렇게 말했다. "모두들 자기 일에만 관심이 있고, 그리스도 예수의 일에는 무관심하다"(빌 2:21). 나 역시 오늘의 이른바 기독교 신자란 사람들에 대하여 같은 말을 해야 하는 것이 서글프다.

종교의 소질

종교는 양이 아니라 질이다. 형태가 아니라 마음이다. 넓이가 아니라 깊이다. 사람의 마음에 깊이 하나님을 알게 하면 종교의 목적은 이루는 것이다. 이것을 하지 않고 또 하지 못하고, 헛되이 수의 많음과 형태의 아름다움과 넓이와 크기만을 자랑하는 오늘의 종교는 종교가 아니다. 그 정반대다.

그와 나의 종교

그는 말한다, 종교는 하나님께 예배드리는 일이라고. 나는 말한다, 종교는 사람을 돕는 일이라고. 그는 말한다, 하나님은 황제와 같은 분이라고. 나는 말한다, 하나님은 아버지와 같은 분이라고. 그러므로 그의 종교에는 가운, 기도문, 성찬 기구들이 필요하다. 나의 종교에 그런 것은 필요 없다. 그와 나의 종교 이름은 같다. 그러나 근본은 다르다. 그가 나를 용납하지 않는 것은 당연하다. 나 역시 그를 동지라고 부를 수 없다.

합동

합동은 교리에 의하여 이루어지지 않는다. 행위에 의하여 이루어진다. 하나님의 존재, 그리스도의 신성은 악마도 믿는다(약 2:19). 의인은 의인을 찾는다. 자기가 믿는 주의(主義)에 충실한 사람은 서로를 존경하므로 저절로 합동, 일치할 수 있다. 그 밖의 사람은 아무리 '신앙'이 같더라도 합동할 수 없다. 또 합동하더라도 잠시 후에 분리되고 만다.

종교가의 자격

교회를 목회하는 자가 반드시 종교가는 아니다. 신학을 강의하는 자가 반드시 종교가는 아니다. 전도를 계획하고 이 세상을 그리스도의 나라로 만들려고 하는 자가 또한 반드시 종교가는 아니다. 종교가는 하나님과 가깝게 교제하는 사람이다. 모세와 같이, 사람이 자기의 친구와 이야기하는 것처럼 얼굴을 맞대고 하나님과 이야기하는 사람이다(출 33:11). 종교가는 또한 몸은 이 세상에 있어도 영은 늘 하늘나라에 있는 사람이다. 바울과 같이, 육신을 떠나서 주님과 함께 있는 일이 소원이라고 말할 수 있는 사람이다. 하나님을 가까이하지 않고 하늘나라를 사모하지 않는 사람은 종교를 말하여도 종교가는 아니다.

작은 지옥

나는 작은 지옥을 보았다. 기독교 안에서 보았다. 교회와 학교에서 보았다. 시기심이 그 속에 가득 찼으며, 몇 개의 당파가 그 속에 도사리고 있었다. 그들은 서로가 형제자매라면서도 서로 모함하고 서로 헐뜯기를 일삼는다. 악마의 본거지는 이 세상이 아니라 교회에 있다는 말이 있다. 이 말이 결코 망언이 아님을 체험한 것은 아마 나 한 사람만이 아닐 것이다.

정치와 종교

정치의 주요 목표는 세력에 있다. 주의에 있지 않다. 그러므로 세력만 있으면 주의는 아무래도 좋다. 불교가 세력이 있으면, 정치는 불교를 보호하고 이를 이용한다. 기독교가 세력이 있으면 정치는 또한 기독교를 권장하고 이를 이용한다. 정치의 보호를 받기는 쉽다. 하나님을 기쁘시게 할 것까지 없으며, 정의를 실행할 필요도 없다. 다만 이 세상에서 많은 신자를 모아 세력을 얻으면 된다. 하나님의 거룩한 눈으로 볼 때, 이 세상의 정치의 보호를 받는 것은 조금도 귀한 일이 아니다.

두 가지 신학

두뇌로 성경을 해석하는 '신신학'이 있다. 심령으로 그것을 체험하는 '구신학'이 있다. '신신학'이 신(新)인 것은 그것이 새롭기 때문이 아니다. 한없이 변천하기 때문이다. '구신학'이 구(舊)인 것은 묵은 것이기 때문이 아니다. 영구히 변함없기 때문이다. 사상은 변하고, 체험은 변하지 않는다. 나는 신을 따라 '신신학'에 가지 않을 것이다. 또 구가 싫다고 '구신학'을 떠나지는 않겠다.

나의 교회

내게도 교회가 있다. 손으로 만든 땅 위의 교회가 있다. 그러나 이것은 나무와 돌로 만들고 강단과 의자를 갖춘 교회가 아니다. 나의 교회는 흰 종이와 검은 잉크로 만들어진 교회다. 그 목사는 저자이며 교인은 독자다. 가장 간단하며 가장 값싼 교회다. 그러나 가장 튼튼한 교회다. 나무와 돌과 신학과 신조가 무너진 뒤에도 남아 있는 교회다. 종이 위의 교회라 하지만 화강암으로 지은 교회보다 훨씬 튼튼한 교회다.

교회는 원래 이러한 것이었다. 교회는 가톨릭교회, 성공회 또는 루터교회이기 전에 한 권의 성경이었다. 사람이 만든 교회가 다 쓰러진 후에 종이 위의 교회인 성경은 남을 것이다. 하나님은 영구적인 교회를 돌과 벽돌로 만드시지 않고 그것을 종이 위에 세우셨다. 그러므로 나도 내 교회를 종이 위에 세우겠다. 나무와 돌로 만든 교회가 다 사라진 후에도 남아 있겠다.

기독교는 권리의 포기다

자기 권리를 주장하는 것은 기독교가 아니다. 이것을 포기하는 것이 기독교다. 기독교의 정신은 희생이다. 그리스도의 희생을 모르면 기독교를 모른다.

> 너희는 우리 주 예수 그리스도의 은혜를 알고 있을 것이다. 그는 부요하나 너희를 위하여 가난하게 되셨다. 그것은 그가 가난하게 되심으로 너희를 부요하게 하시기 위함이다(고후 8:9).

이 정신을 모르고는 기독교를 모른다. 남을 위하여 내 몸을 종으로 만드는 마음을 모르고는 비록 기독교적 문학에 정통하고 기독교적 음악에 익숙하고 모든 방면에서 기독교 문화의 영향을 받는다 하더라도, 그는 아직 그리스도의 제자가 된 것이 아니다.

종교는 철학의 바탕

철학의 목적은 자기를 아는 데 있다. 종교의 목적은 하나님을 경배하는 데 있다. 사람은 하나님을 경배해야만 능히 자기를 알 수 있다. 종교는 철학의 바탕이다.

우리의 예배

우리는 가운을 입고 강단에 올라 성경을 낭독하고, 성가를 부르고, 손을 들어 하늘을 우러러 기도하고, 손을 얹어 사람에게 의식을 베풀어 이것으로써 하나님께 예배드리려 하지 않는다. 우리는 예배를 교회당에서 드리지 않고, 혹은 공장에서 혹은 밭이나 논에서 혹은 가게에서 혹은 연구실에서, 그 밖에 우리가 날마다 일하는 일터에서 드린다. "Laborare est orare"(일은 곧 기도-예배)다. 우리는 늘 하는 일로 하나님께 예배드린다. 예배가 간단하다느니 부족하다느니 하면서 우리를 꾸짖는 자에게 우리는 이 말로 대답한다.

과학과 종교

과학에는 무한한 발전이 있지만, 종교에는 발전이 없다. 종교는 하나님의 성격의 표현이며 이 표현은 한 번으로 족하다. 그러므로 종교개혁은 언제나 처음으로 돌아가는 일이다. 새 종교는 언제나 거짓 종교다. 과학과 철학으로 이루어진 종교는 아무런 가치가 없다. 믿을 만하고 의지할 것은 "성도에게 한 번 전해진 믿음의 길"(유 1:3)이다. 탐구할 것은 이 길이다. 이 길을 찾아야 죽어 있는 영혼이 부활하며 빛이 세상에 임한다. 루터의 종교개혁은 이런 식으로 돌아가는 것이었다. 처음의 신앙으로 돌아가는 일이다. 그 밖의 진정한 리바이벌(신앙 부흥)도 다 이것이었다. 곧 하나님의 사랑의 표현인 주 예수께 돌아가는 일이었다.

평화의 종교

나는 내가 믿는 기독교 때문에 남에게 죽임을 당하는 일이 있더라도 남을 죽이지 않는다. 나는 내가 믿는 신앙 때문에 남에게 박해받는 일이 있더라도 남을 박해하지 않는다. 기독교는 피흘리는 일이 있다. 그러나 이것은 내가 나가서 흘리는 것이 아니다. 앉아서 피흘림을 당하는 것이다. 기독교는 내게 있어서 철두철미 평화의 종교다.

전쟁의 뜻

사람은 이익을 위하여 싸운다. 그러나 하나님은 벌을 주기 위하여 싸우게 하신다. 국민이 싸움터에 나가는 것은 하나님의 형장(刑場)에 나가는 것이다. 그들은 자기 나라의 죄를 대속하기 위하여 죽임을 당한다. 동족이 상잔하여 유혈이 낭자한 곳은, 귀족의 음란 방종과 평민의 위선이 여러 나라가 보는 앞에서 공의의 심판을 받는 곳이다.

싸움이 그치는 때

이기는 것이 반드시 이기는 것은 아니다. 지는 것이 반드시 지는 것은 아니다. 사랑하는 것이 이기는 것이다. 미워하는 것이 지는 것이다. 사랑으로써 이기는 것만이 영원한 승리다. 사랑은 시기하지 않는다. 자랑하지 않는다. 교만하지 않는다. 오래 참는다. 그리하여 영원히 승리하여 영원한 평화를 가져온다. 세상에 싸움이 그치는 때는 사랑이 승리했을 때뿐이다.

소란한 세상에 처하는 길

소란은 이 세상의 보통 상태다. 마치 파동이 바다의 보통 상태임과 같다. 이 세상에 있으면서 소란을 피하려 하는 것은 바다 위에 떠 있으면서 물결에 흔들리지 않으려 함과 같다. 만일 세상과 함께 가라앉으려면 바위를 의지할 뿐. '만세반석'을 의지할 뿐. 세상은, 세상에 있으면서 구원할 수 없다. 세상을 떠나 몸을 '영원한 평화'에 두어 밖에서 이를 구원할 뿐. 그러므로 성경은 말한다. "너희는 그들 가운데서 나와서 따로 서 있으라"(고후 6:17).

평화가 있는 곳

평화는 땅에는 없다. 하늘에 있다. 하늘의 문을 사람 앞에 열어 보이라. 그는 그 속의 평화를 엿볼 수 있게 되어 땅 위에서 저절로 평화를 펼치는 사람이 되리라. 평화의 유익을 아무리 설명해도 거기에 귀를 기울이지 않던 그는 평화의 아름다움을 잠깐 보고 나서는 평화를 열심히 사모하는 사람이 될 것이다. 핵심은 하늘의 아름다움을 사람에게 보이는 데 있다. 그렇게 하면 땅 위의 싸움은 저절로 없어질 것이다.

평화의 완성

사람과 사람의 평화는 하나님과 모든 사람의 평화가 이루어진 뒤에 온다. 하나님 없이는 평화가 없다. 하나님과 '어떤 사람'과 평화가 이루어지는 것만으로는 완전한 평화가 없다. 하나님과 '모든 사람'의 평화가 이루어져야만 비로소 사람과 사람의 완전한 평화가 세상에 임한다. 평화의 완성은 전 세계에 전도하는 데 있다. 지구의 표면에 진리가 가 닿지 않은 한 모퉁이를 남기는 것은 평화 교란의 한 요인을 남기는 것이다. 군인이 칼을 빼어 싸우기 전에 전도자가 먼저 가서 어둠의 가시를 뽑아버려야 한다.

교육과 평화

싸움은 잘하지만 화해를 잘하지 못하는 자, 이런 사람을 오늘의 애국자라 한다. 그들은 미워할 줄은 알지만 사랑할 줄은 모른다. 싸움터에 쓰러지는 것밖에는 나라를 지키는 길을 모른다. 사랑은 무기보다 나은 국방의 기구다. 사람을 사랑하는 자라야 영원한 평화를 가져올 수 있다. 애국을 적개심으로만 하는 국민은 싸움터에서 적을 무찌를 수는 있어도 외교적 회담에서 적과 화해하는 법을 모른다. 늘 길러야 할 것은 사람을 사랑하는 정신이다.

무저항주의

악인이 나를 향해 일어서면 나는 그를 대항하지 않고 인내와 용서로 대한다. 그러면 그는 악을 다 쏟아놓고 마침내 스스로 멸망한다. 얻는 쪽은 나요, 잃는 쪽은 그다. 하나님은 그를 통해 커다란 은혜를 내게 베푸신다. 나는 그를 가엾게 여긴다. 그러므로 그를 위해 기도한다.

평화의 획득

평화는 전쟁에 이긴다고 오는 게 아니다. 우주를 완전히 설명한다고 오지도 않는다. 큰 교회를 세운다거나 자선 사업을 크게 벌인다고 오는 것도 아니다. 주 예수 그리스도를 믿음으로써 온다. 온 천하에 예수의 복음을 전하는 일을 제외하고는 달리 평화를 얻을 길이 없다. 우리는 아무 일도 할 수 없다고 하더라도, 다만 예수를 믿을 수 있는 것에 감사한다.

평화의 길

세상의 평화를 도모하는 것처럼 가치 없는 일은 없다. 평화는 도모한다고 오는 것이 아니다. 또 평화를 도모하여 성공한 예도 없다. 마치 미국 전 대통령 윌슨이 세계 평화를 도모하다가 도리어 세계에 큰 소란의 씨앗을 뿌린 것과 같다. 평화를 도모하려면 정의를 행하는 것이 상책이다. 평화를 가져오기 위한 최선, 유일한 길은 정의를 행하는 일이다. 그리하면 평화는 저절로 온다. 정의의 열매가 아닌 평화는 거짓 평화다. 전쟁보다 훨씬 더 나쁜 평화다. 이러한 평화를 구하다가는 집이 문란하고, 품성은 타락하고, 나라는 멸망한다. 참으로 정의를 사랑하는 사람은 마땅히 엄정한 정의의 지지자 또는 투사가 되어 모든 정실(情實)을 물리치고 정의의 실현을 위해 떨쳐나서야 한다.

가을이 온다

가을이 옴과 동시에 배우기에 힘쓰는 사람이 되라. 여름은 감정의 계절이요, 가을은 사색의 때다. 여름 동안에 우리는 느끼고, 믿고, 사랑했다. 가을에는 배우고, 닦고, 믿음의 이유를 탐구하여 사랑의 원천에 이르라. 여름의 성장으로 가을에 결실이 오게 하라. 자연은 그러기를 요구한다. 우리의 마음도 그러기를 요구한다.

꽃을 보며 느낀다

꽃에 기쁨이 있다. 또 슬픔이 있다. 꽃의 기쁨은 아름다움에 있고, 슬픔은 그 찰나적인 데 있다. 꿈 같은 이 세상에서는 아름다움 속에 슬픔의 빛이 깃들어 있다. "그러나 주의 말씀은 영원토록 있다"(벧전 1:25).

매화를 찾는다

군자는 어디 있는가? 의인은 어디 있는가? 진심으로 하나님과 그리스도를 믿는 자는 어디 있는가? 세상은 극도로 타락하고, 정의와 이익이 뒤범벅이 되었다. 그리스도를 믿는 사람은 은밀한 곳에 숨어 있어 나는 믿음의 대화를 나눌 친구를 찾지 못한다. 세상 비판의 모진 추위에도 두려움 없이 피는 꽃은 어디 있는가? 박해 속에 있으면서 향기 그윽한 신자는 어디 있는가?

나는 보고 싶다, 신앙의 매화꽃을. 나는 길이 멀더라도, 언덕이 험하더라도 매화꽃을 찾아 내 속의 고충을 말하고 두꺼운 얼음 속에서 화창한 봄을 이야기하련다.

봄과 성령

봄이 온다 해도 성령이 임하지 않으면 내게 무슨 소용이랴. 나는 꽃의 아름다움을 기뻐하지 않는다. 나는 꽃에서 예수님의 아름다움을 보고 싶다. 봄이 산과 들에 임하듯이 하나님의 영이 내 마음에 임하셔야 한다. 그렇지 않으면 나는 봄을 맞아도 슬픔을 느낄 뿐.

오시옵소서, 성령이여! 오셔서 내 속의 기쁨이 외부의 아름다움을 훨씬 능가하게 하시옵소서.

맑은 바람

가장 좋은 것은 우주에 충만한 하나님의 영이다. 그 다음으로 좋은 것은 온 땅에 불어오는 맑은 바람이다. 사람이 집 안에 틀어박혀 나쁜생각을 하는 것은 이 영과 이 바람을 쐬지 못하기 때문이다. 나는 될 수 있는 대로 많이 이 두 영기(靈氣)를 받아들여서 늘 기뻐하고, 감사하면서 활동하리라.

5월의 느낌

"모든 육체는 풀과 같고, 그 모든 영광은 풀의 꽃과 같다. 풀은 마르고 꽃은 떨어지지만, 주의 말씀은 영원토록 있다"(벧전 1:24~25). 뜰 앞의 매발톱꽃이 그렇다. 진달래가 그렇다. 역사상의 영웅이 그렇다. 국가가 그렇다. 나는 전 생애를 살아 계신 하나님의 말씀에 맡길 것이다.

우주의 청산

우주는 정의의 활동을 위한 정밀한 기관이다. 그러므로 우주에서 선을 행하고, 보상을 받지 못할 염려는 없다. 또 악을 행하고,

형벌을 면할 길은 없다. 우주는 굉장히 크다. 그러므로 선악의 반응은 그것을 베푼 쪽에서 바로 오지는 않는다. 그러나 동쪽을 향하여 행한 선은 서쪽에서 갚아지고, 북쪽을 향하여 행한 악은 남쪽에서 처벌된다. 우주는 큰 은행과 같다. ㄱ에게 치를 것을 ㄴ에게 치르고, ㄷ에게서 받을 것을 ㄹ에게 청구한다. 그러나 결국에는 한 푼의 대차도 없이 청산된다. 우리는 이 믿을 만한 우주에서 아낌없이, 가능한 한 많은 선을 모든 사람에게 베풀어야 한다.

과학과 신학

이제 과학은 유심론(惟心論)으로 돌아오고 있는데, 신학은 유물론(惟物論)으로 기울어지고 있다. 과학자는 자연을 기적으로 보고 있는데, 신학자는 될 수 있는 대로 기적의 승인을 피하고 있다. "보라, 나중 된 사람이 먼저 되고, 먼저 된 사람이 나중 될 것이다"(눅 13:30). 신앙의 견지에서 보더라도 이제 신학자는 과학자에게 훨씬 미치지 못한다.

여름과 자연

하나님을 안에서 보라. 또 겉에서 보라. 영에서 보라. 물질에서 보라. 성경에서 보라. 또 자연에서 보라. 하나님을 한 면에서만 보면 그를 오해할 우려가 있다. 여름은 왔다. 우리는 자연을 배우고,

자연을 통하여 자연의 하나님께 가야 한다.

자연주의

자연의 자연은 자연이다. 사람의 자연은 자연이 아니다. 자연의 자연을 그리는 것은 미(美)다. 사람의 자연을 묘사하는 것은 추(醜)다. 나는 자연의 자연주의를 외친다. 사람의 자연주의를 논하지 않는다. 사람은 하나님을 배반하여 그 자연성을 잃어버린 자이기 때문이다.

과학은 종교의 형제

과학은 자연계에 있어서의 사실의 관찰이다. 종교는 심령계에 있어서의 사실의 관찰이다. 둘 다 사실의 관찰이다. 다만 관찰의 영역을 달리할 뿐. 둘은 목적이 같고, 방법이 같다. 사실을 알고자 한다. 정확하고자 한다.

과학의 적은 종교가 아니라 사변이다. 종교의 적은 과학이 아니라 신학이다. 과학과 종교는 좋은 형제다. 그들은 서로 손을 잡고 둘의 적인 사변과 신학에 대항해야 한다.

정변과 화초

꽃은 피고, 꽃은 진다. 여름은 가고, 가을은 온다. 내각은 넘어지고, 내각은 일어난다. 정당은 결성되고 정당은 해체된다. 자연과 인생의 일 중에 그 무엇이 변하지 않으랴. 하나님만이, 그리스도만이, 그리고 그의 영원한 말씀만이 영원히 변하지 않는다. 그 밖의 것은 다 정원의 화초와 같다. 정권이 그렇다. 높은 지위가 그렇다. 이 세상의 모든 귀한 것, 모든 권력 중에 변하지 않는 것은 하나도 없다.

가을의 계시

은하가 중천에 넘치고, 궁창에서 별이 쏟아져 내리는 것 같다. 호수 위에 비바람이 지나가고, 그 수면에 봉우리가 선명하다. "야웨는 그 성전에 계시니 온 천하는 그 앞에서 잠잠하라"(합 2:20). 그가 가느다란 소리로 말씀하신다. 사람은 다 그 계시를 받으라.

모든 것이 다 좋다

별은 소식을 전하여 말한다, 모든 것이 다 좋다고. 땅은 큰 소리로 말한다, 모든 것이 다 좋다고. 역사는 교훈을 전하여 말한다, 모든 것이 다 좋다고. "하나님이 지으신 모든 것을 보시니 심히 좋았다"(창 1:31). 우주와 인생 중에 그 무엇이 선하지 않으며 좋지 않은 것이 있으랴.

지상의 낙원

산은 숲으로 빽빽이 덮여 있고, 석양이 그 등성이를 비춘다. 뜬구름이 산허리에 감겨 있고, 고요한 호수가 그 기슭을 적신다. 두 친구가 조각배를 타고 산을 향하여 노를 젓는다. 저녁 구름이 사면을 덮고, 어둠이 전경을 가리었다. 감사한다, 땅 위에 이런 낙원이 있음을. 하늘 위의 그것을 연상하게 한다.

가을이 한창이다

코스모스가 피고, 산다화*(Camellia japonica)가 피고, 물푸레나무가 빛나고 국화가 향기롭다. 등불 앞에 밤은 고요하고 펜은 달린다. 알 수 있다, 하늘의 계시가 충일하고 가을이 한창임을.

봄바람이 불어온다

추운 겨울이 가고 봄바람이 불어온다. 부자도 기뻐하고, 가난한 사람도 기뻐한다. 하나님의 은혜는 다 이와 같다. 모든 사람에게 골고루 미친다. 가난한 사람이 그것을 느끼는 것이 부자보다도 크다. 불어라, 봄바람! 불어라, 성령의 바람! 모든 사람이 마음을 화합하여 하나님 은혜의 풍성함을 감사한다.

---

* 산다화(山茶花)는 동백나무 꽃을 말하며 동백은 꽃 피는 시기에 따라 춘백, 추백, 동백으로 나뉜다. —옮긴이

에덴동산

태곳적 일이 아니다. 신록이 무르익는 5월, 봄의 들판이다. 천지가 거듭났고 영광이 온 땅에 가득 찼다. 하나님의 영이 나무 끝을 쓸고, 날갯짓하며 새가 물가로 내려온다. 녹음이 서늘한 곳에서 하나님의 음성이 들린다. "거룩하다, 거룩하다, 거룩하다, 만군의 야웨"라고 스랍들이 날아다니며 노래한다(사 6장). 땅은 저주받았다고 말하는 자 누구인가? 신록이 산과 들을 뒤덮은 이때, 이 땅은 결코 저주받지 않았음을 나는 안다.

영산홍

봄은 한풀 꺾여 꽃이 떨어지고 뜰은 앙상하다. 이때 짙은 초록을 비집고 피는 영산홍이 있다. 벚꽃처럼 높이 솟지 않고, 진달래처럼 붉게 타지 않고, 땅 위로 낮게, 잎 사이로 숨어서 핀다. 겸손한 영산홍아! 나는 너를 사랑한다. 너는 뭇향기와 빛을 다투지 않고, 모든 꽃들이 진 다음에 홀로 핀다. 나도 너를 본받아 낮게 또 늦게 피어 늦은 봄의 근심을 위로할 수 있기를.

잡초

괭이밥은 신맛이 강하다. 삼백초는 냄새가 역겹다. 질경이는 잎이 크고 넓다. 개갓은 뿌리를 깊이 박는다. 잡초가 정원에 퍼져

자라는 속도가 아주 빠르다. 마음의 정원 역시 이와 같다. 죄의 목록을 성경에서 찾아보아 잡초의 목록과 비교해 보자.

조락의 소망

잎이 지고 가지가 앙상하다. 그러나 우리는 안다, 눈을 남겨두지 않고는 잎이 떨어지지 않음을. 나무를 쪼개어 보라. 겨울의 가지는 이미 그 껍질 속에 봄볕의 꽃을 감추고 있음을 보리라. 조락(凋落)은 부활의 징조다. 세상이 썩어가는 것은 혁신의 봄을 맞을 준비가 되어 있기 때문이다.

결실의 가을

논은 누렇게 익었다. 하나님의 말씀은 열매를 맺었다. 내가 열매 맺으리라 기대하지 않았는데 열매를 맺었다. 하나님의 말씀의 능력은 놀랍다.

바다냐, 산이냐

넓기가 바다와 같다고 한다. 참으로 바다는 넓다. 그러나 그 물은 짜다. 그 속에는 괴상한 짐승들이 많이 산다. 향기롭다거나 맑다는 면에서 볼 때, 바다는 결코 이상적인 곳이 아니다. 그 점에서는 골짜기를 흐르는 시냇물이 바다보다 훨씬 낫다. 맑음을 바다에서 찾지 마라. 시냇물에서 찾아야 한다. 넓은 사람은 흐리고, 좁은 사람은 맑다.

하늘나라의 날씨

때는 5월 그믐께, 봄은 이미 지나고 여름은 아직 이르다. 숲은 새 단장이 이루어졌고, 정원은 나무 그늘이 어둡다. 장미와 창포가 다투어 피고, 영산홍이 봉오리를 터트린다. 간밤의 비는 개고 아침 해가 호박색의 광선을 퍼뜨린다. 이것은 하늘나라의 날씨다. 하늘나라는 언제나 이럴 것이다. 그리고 맑고 시원한 시냇가에서 내가 사랑하는 사람들이 날마다 찬송을 부를 것이다.

그러면 불어라, 밤의 바람. 내려라, 눈물의 비. 영원히 해맑은 세계가 나를 기다리고 있기에 나는 기쁘게 고통을 참으며 바람과 티끌을 무릅쓰고 전진하리라.

여름과 겨울

여름은 여름대로 좋다. 겨울은 겨울대로 좋다. 봄은 봄대로 좋다. 가을은 가을대로 좋다. 일본은 일본대로 좋다. 미국은 미국대로 좋다. 영국은 영국대로 좋다. 독일은 독일대로 좋다. 물건의 좋고 나쁨은 물건 그것으로 결정되지 않는다. 그것에 대한 우리의 태도 여하에 따라 결정된다. 하나님을 믿으면 모든 것이 좋다. 하나님을 믿으면 여름의 더위를 참을 수 있다. 겨울의 추위를 참을 수 있다. 미국 사람의 독선을 참을 수 있다. 영국 사람의 자존과 오만을 참을 수 있다. 하나님을 믿어 영생의 권세를 얻으면 나는 모든 일을 참고, 모든 사람을 참을 수가 있다.

■ **역자 김유곤(金裕坤)**
- 고려대학교 영문학과 졸업
  충남대학교 교육대학원 졸업(교육학 석사)
  서울 장로회신학대학교 수료
  유성여자고등학교 교감
  동양공업전문대학 영어학 교수
  우석출판사 편집주간
  문학사상사 편집고문 역임
  현 전문 번역문학가로 활동 중
- 저서 : 『영원한 복음』(예광출판사, 2006)
- 번역서:
  《우치무라 간조 전집》 전 20권 중 열다섯 권(설우사, 1975-1981),
  미우라 아야코 『생명의 샘터』(설우사) 외 다수

개정판

소감 所感
― 복음, 그 진리와의 대화

개정판 발행 2011년 8월 20일
개정판 4쇄 발행 2025년 7월 30일

지은이 우치무라 간조
펴낸이 임만호
펴낸곳 도서출판 크리스챤서적
등 록 제10-22호(1979. 9. 13)
주 소 서울특별시 강남구 압구정로 404(청담동), 2층 (우 : 06014)
전 화 02)544-3468~9
F A X 02)511-3920
E-mail holybooks@naver.com

책임편집 김종욱
디자인 이선애
제 작 임성암
관 리 양영주

Printed in Korea
ISBN 978-89-478-0278-9 03230
정 가 12,000원

※ 잘못된 책은 교환하여 드립니다.